W0371330

En couverture :
Quéribus : le regard vers la Méditerranée.
Longtemps, la menace vint de la mer et nombre de citadelles furent comme des tours sarrazines, surveillant l'horizon des flots. Puis les forteresses s'intégrèrent dans un ensemble politique que les mariages et les successions construisirent autour de Barcelone, de l'Aragon et de la Provence. Le catharisme, lui aussi, fut bien une réalité de la Méditerranée.
Quéribus évoque l'une des figures les plus marquantes de la résistance méridionale : Chabert de Barbeira. Savant en matière de fortifications, il fut investi du commandement militaire en 1242. La citadelle de Quéribus, défiant Rome et le roi, fut le refuge des Cathares. Chabert dut finalement céder en 1255 et il abandonna Quéribus à Saint Louis. Un ancien compagnon des Cathares, devenu familier du roi, Olivier de Termes, l'aurait, selon un récit, pris dans un guet-apens. L'ordre royal et français s'installait.

En pages précédentes :
Roquefixade et la conquête des nuages.

CATHARES

DES MÊMES AUTEURS

Pour Lucien Bély :

— *Espions et ambassadeurs au temps de Louis XIV,* Fayard, 1990.
— *Les relations internationales en Europe, XVIIe-XVIIIe siècles*, Presses universitaires de France, Paris, 1992.
— *Le Mont Saint-Michel, monastère et citadelle*, Editions Ouest-France, Rennes, 1978.
— *Les abbayes normandes*, Editions Ouest-France, Rennes, 1979.
— *La gloire des Baux*, Editions Ouest-France, Rennes, 1981.
— *A nous deux Paris*, Editions Ouest-France, Rennes, 1981.
— *Une histoire de la France*, Editions Ouest-France, Rennes, 1982.
— *Napoléon*, Editions Ouest-France, Rennes, 1985.
— *Bali*, Editions Ouest-France, Rennes, 1986.
— *Grèce*, Editions Ouest-France, Rennes, 1987.
— *Venise,* Editions Gisserot, Paris, 1992.

Collaboration à :

— *Les après-guerres (1525-1955)*, Reims, 1990.
— *Guerre et paix dans l'Europe du XVIIe siècle,* SEDES-CDU, Paris, 1991.
— *Sur les traces de Busbecq et du gotique*, Lille, 1991.
— *Allemands en France, Français en Allemagne,* Sigmaringen, 1992.
— *Armées et diplomatie dans l'Europe du XVIIe siècle*, Paris, 1992.

Pour Jacques Jolfre :

— *L'appel des profondeurs,* Marabout, 1959.
— *Norbert Casteret, explorateur d'abîmes,* Milan, 1992.
— *Pyrénées souterraines,* Editions Sud Ouest, 1989.
— *Pyrénées 3000,* Editions Sud Ouest, 1990.
— *Pyrénées,* Editions Sud Ouest, 1992.

Lucien Bély

Professeur à l'Université de Paris XII

CATHARES

Photographies de Jacques Jolfre

SUD OUEST

Le secret des Cathares.

Le catharisme a gardé son secret. Les simples croyants eux-mêmes n'en possédaient qu'une part et les "Parfaits", qui formaient le clergé cathare, le protégeaient avec soin. Ce que l'on sait d'eux, c'est ce qu'ils ont avoué aux inquisiteurs qui les interrogeaient, et ce qu'en ont écrit les polémistes, lorsqu'ils tentaient de les convaincre ou de les détruire. Ainsi l'un des seuls traités cathares a été transmis, par fragments, dans l'œuvre de Durand d'Osca (Huesca) qui, dans son *Liber contra manicheos,* a cherché à le réfuter : "C'est le diable qui a semé les fils de ce siècle, qui sont nés de la chair du péché...". De surcroît, il est probable que la foi cathare n'était pas unifiée et que des courants, voire des rivalités, y avaient introduit des différences sensibles, même si pour l'église, dite "albigeoise", il faut reconnaître une certaine unité. Car, si les "purs" — c'est sans doute l'origine grecque du mot "cathares" — ont été présents dans une grande partie de l'Europe, leur présence fut plus manifeste dans le domaine occitan — dans ce qui fut plus tard la province du Languedoc.

Devant tant de zones d'ombres, l'imagination a inventé et construit, et tout est devenu possible. Les passions se sont incrustées sur ce phénomène du passé. La référence au catharisme a nourri l'anticléricalisme, en montrant la répression conduite par l'Eglise et l'invention de l'Inquisition. Et la croisade contre les Albigeois a été aussi un argument pour démontrer la rudesse d'une "conquête française" sur les terres occitanes. Mais bien d'autres traits ont été mis en valeur pour exalter une pensée cathare qui se dérobe toujours. La philosophe Simone Weil en 1940 voyait dans le catharisme "comme un pythagorisme ou un platonisme chrétien" et elle écrivait : "Il y a chez les manichéens quelque chose de plus que

Roquefixade.
Ce château existait dès le XIe siècle. Il fut renforcé au temps de Philippe le Hardi en 1270, alors que le roi de France fortifiait la frontière, au sud du royaume. Comme nombre de citadelles, Roquefixade surveillait les routes, ici celle de Foix à Mirepoix, et cette surveillance faisait tout le prix — politique et stratégique — de ces forteresses.

Termes : un lignage dans la tourmente.
La famille de Termes fut enveloppée dans l'aventure cathare. Benoît de Termes fut désigné comme évêque, pour le Razès en 1226 : ainsi une hiérarchie "hérétique" s'opposait à l'Eglise catholique.

dans l'antiquité, du moins l'antiquité connue de nous, quelques conceptions splendides, telles que la divinité descendant parmi les hommes et l'esprit déchiré, dispersé parmi la matière. Mais surtout ce qui fait du catharisme une espèce de miracle, c'est qu'il s'agissait d'une religion et non simplement d'une philosophie'' (lettre à Déodat Roché, 23 janvier 1940).

Georges Duby a bien montré que, au-delà des passions partisanes, le destin du catharisme touchait notre conscience à un double titre : notre idée de la tolérance d'une part, le sentiment national d'autre part. Pourquoi cette ''secte'', après avoir été tolérée, a-t-elle été persécutée, puis anéantie ? Notre temps admet mal que des hommes aient été tués pour leur foi ou leurs idées, au nom d'une foi unique et d'idées conformes pour tous. Avaient-ils commis, ces Cathares, des actes qui pussent justifier des bûchers ? Et pourquoi, au nom de la croisade, c'est-à-dire d'un idéal chrétien, le midi de la France a-t-il été l'objet d'une redoutable campagne militaire qui a eu pour résultat de déposséder des barons méridionaux ? René Nelli allait jusqu'à écrire que c'était toute une civilisation qui avait alors disparu.

La tentation du dualisme.

Parce que les Cathares avouaient que deux principes régissaient le monde, ils furent qualifiés de ''manichéens'', donc de dualistes. D'emblée, il faut constater que de telles croyances ont existé en Orient. Dans une lointaine antiquité, entre 1200 et 500 avant Jésus-Christ, un homme légendaire, Zoroastre ou Zarathoustra, fut à l'origine du zoroastrisme ou mazdéisme qui voit dans le monde deux principes, celui du Bien ou Ormuzd, et celui du Mal ou Ahriman, dans un conflit perpétuel. Cette religion se répandit dans l'Iran actuel, mais eut une grande influence aussi bien sur les prophètes juifs que sur des Grecs comme Pythagore. Puis au début de notre ère, au IIIe siècle, ce fut, en Babylonie, le temps de Manès ou Mani : le manichéisme affirmait aussi qu'il y a deux principes, le Bien et le Mal, la Lumière et les Ténèbres, Dieu et la matière. A la même époque, une secte, issue de Paul de Samosate, s'installa en Arménie, et ces Pauliciens, sans être manichéens, rejetaient l'Ancien Testament et l'Eucharistie. Byzance liquida ce groupe au IXe siècle et déporta des Pauliciens vers les Balkans. Dans cette région, l'opposition était forte entre l'influence de Rome et celle de Byzance. Entre les deux, se développa la foi des Bogomiles : ce nom serait celui d'un chef religieux, Bogomil — ''ami de Dieu'' en langue slave. Comme cette religion se répandit chez les Bulgares, les Bogomiles furent aussi appelés Bulgares et par déformation ''bougres''. Deux auteurs voulurent réfuter cette croyance, Cosmas et Euthime Zigabène ; c'est par eux que nous connaissons les Bogomiles. Ceux de l'église thrace de Dragovitsa (ou Dragovitie) étaient radicaux : pour eux, le monde terrestre était l'œuvre du démon, ils rejetaient l'Ancien Testament et tout sacrement, car il y entrait de la matière démoniaque. Ils ne respectaient pas la Croix et ils menaient une vie ascétique, s'abstenant de tout acte sexuel et ne mangeant pas de viande. D'autres, surtout en Bulgarie, étaient plus modérés et ils reconnaissaient, comme les Manichéens, une distinction entre les Elus et les simples croyants : une cérémonie, avec imposition des mains, permettait à un croyant de devenir un Elu. Le dualisme se répandit en Italie, où les Cathares étaient désignés comme Patarins, mais aussi dans une belle part de la chrétienté. En 1250, un ancien Cathare de haut rang, Rainier Sacconi, devenu inquisiteur en Lombardie, dénombra les églises cathares : cinq en France (Toulouse, Albi, Carcassonne, Agen et le nord de la France), six en Italie (Desenzano, Concorezzo, Bagnolo, Vicence, Florence et le val de Spolète), six en Orient (Dragovitie, Bulgarie, Philadelphie, Slavonie, et deux à Constantinople, l'une grecque, l'autre latine). En ce milieu du XIIIe siècle, alors que l'Eglise de Rome avait déjà lancé une lutte armée contre les Cathares occidentaux, ces églises semblaient liées entre elles, comme un large mouvement spirituel européen, même s'il s'étirait surtout sur le pourtour de la Méditerranée.

Les interrogations se sont multipliées sur la nature et l'origine de cette foi. Le catharisme occidental n'était-il que la résurgence et l'extension de religions très anciennes et très lointaines ? Etait-ce la naissance d'une Eglise qui menaçait l'Eglise chrétienne, celle de Rome comme celle de Byzance ? Ou bien n'était-ce qu'une forme singulière, originale, nouvelle, du christianisme, ou peut-être même un retour à un christianisme des origines ?

Une hérésie parmi d'autres ?

Aux yeux de l'Eglise, ces doctrines religieuses étaient des hérésies, qu'elle devait combattre de toutes ses forces. Peu importait à la papauté l'origine de ces croyances et de ces pratiques. A partir du moment où elles semblaient incompatibles avec les dogmes essentiels, ces croyances et ces pratiques devaient disparaître. Mais

Termes : le siège crucial.
Cette chapelle du XIIe siècle évoque la puissance d'un lignage qui s'engagea avec fougue du côté des Parfaits cathares. Le siège de Termes fut l'un des moments cruciaux de la croisade contre les Albigeois.

Termes : vers le ralliement.
Fenêtre cruciforme dans la chapelle du château. Après la croisade, les seigneurs de Termes se rallièrent à l'autorité du roi de France ; le prestige de Louis IX, futur Saint Louis, grandissait. Olivier de Termes accompagna le pieux roi dans ses expéditions contre l'Infidèle.

le catharisme ne fut pas la seule hérésie médiévale que condamnèrent les autorités ecclésiastiques et les Cathares ne furent pas les seuls à être conduits au bûcher. Bien des traits singuliers de ce mouvement religieux furent présents dans des mouvements spirituels qui n'étaient pas dualistes : le refus du baptême pour les enfants, la critique virulente du clergé, la négation de la présence réelle du Christ dans l'Eucharistie, le fait de ne pas manger de viande ou de ne pas saluer la Croix, objet de la souffrance du Christ...

Deux thèses historiques se sont donc affrontées, en particulier sur les origines du catharisme. D'un côté, ceux qui décelaient une influence orientale dans toutes les hérésies : elles avaient des points communs alors qu'elles surgissaient en des lieux éloignés les uns des autres, et les éléments épars, s'ils étaient regroupés, correspondaient bien aux croyances installées en Bulgarie. Un érudit du XXe siècle, le père Dondaine, après d'autres, a défendu cette thèse. Jean Duvernoy, l'historien du catharisme, et le médiéviste Jacques Le Goff reconnaissent des liens possibles avec les Balkans. Une des preuves invoquées, c'est la réunion d'un véritable concile qui se serait tenu à Saint-Félix de Lauragais en 1167, où, comme nous le verrons, un envoyé de Constantinople, le "pape" Nicetas, aurait été présent.

Au contraire, d'autres historiens comme Raffaelo Morghen ont réfuté toute origine orientale des hérésies. Elles seraient nées sur place, n'auraient pas de véritable cohérence théologique, elles se seraient appuyées sur des faits moraux et sociaux. Ces hérésies auraient séduit avant tout des illettrés, avides de rigueur morale et hostiles à un clergé riche et fastueux. Ainsi cette interprétation rejoint celle des marxistes, et d'abord Engels, qui ont vu, dans ces mouvements hérétiques, des formes de soulèvements sociaux contre un ordre étouffant, que l'Eglise incarnait et symbolisait.

Le château de Termes : l'impossible résistance face aux croisés.
"...nos ennemis, vaillants et matois qu'ils étaient, à mesure que nos machines avaient abattu quelque endroit de leurs murs, construisaient aussitôt derrière avec des pierres et du bois une autre barrière...". Ce témoignage de Pierre des Vaux de Cernay dit bien la résistance des seigneurs méridionaux face à l'armée des croisés. Toute la science de la fortification était mise à contribution pour soutenir les hérétiques.

Deux interprétations.

Ainsi deux interprétations s'opposent. L'une est d'abord religieuse : elle suit dans l'espace et le temps le cheminement des idées et des dogmes, l'évolution des pratiques rituelles, l'organisation des églises. Le catharisme s'inscrirait dans une immense lignée dualiste, qui s'enracinerait dans l'Orient et la plus lointaine antiquité. Les Eglises officielles prendraient conscience de l'existence de ces courants étranges aux XIe-XIIe siècles, et chercheraient à les contrôler, puis à les faire disparaître, à partir du XIIIe siècle. L'autre interprétation minimise l'indépendance du fait religieux. Elle constate simplement l'existence de thèmes dogmatiques, mais pense qu'ils étaient présents en permanence, comme naturels, et masqués, et ce seraient les réalités politiques, économiques ou sociales qui auraient contribué à les révéler.

Pour expliquer une génération spontanée du catharisme, certains y ont même vu le prolongement du gnosticisme chrétien, ou ont pressenti des contacts possibles avec la spiritualité juive : l'échange de manuscrits expliquerait certaines convergences ou coïncidences, au moment où, chez les Juifs, apparaissait l'ésotérisme de la Kaballe, qui est née en Languedoc, dans des villes comme Lunel et Narbonne, à la fin du XIIe siècle. Mais il faut bien ajouter que les Cathares avaient aussi la plus grande méfiance à l'égard des Juifs, car ils avaient apporté l'Ancien Testament.

La chrétienté médiévale ébranlée.

Le catharisme a été souvent compris et imaginé hors de son contexte historique : la chrétienté médiévale, et il a été paré des couleurs d'une modernité qu'il n'avait pas. Les hérésies, dont le catharisme, ont prospéré, aux XIe et XIIe siècles, alors que s'affirmait la réforme voulue par le pape Grégoire VII (1020-1085). Le pape et des cardinaux s'étaient attaqués eux-mêmes à la "simonie" des prêtres, c'est-à-dire au fait que les prêtres accordaient des sacrements contre de l'argent. Mais la simonie était difficile à définir — tout don à l'Eglise pouvait y ressembler —, et cette condamnation alimenta la rigueur populaire contre les ecclésiastiques. D'autant qu'un évêque simoniaque n'ordonnait pas valablement un prêtre, qui, à son tour, ne pouvait alors donner les sacrements aux fidèles. De là, le dénigrement systématique du prêtre, et la méfiance à l'égard des sacrements qu'il conférait, l'Eucharistie comme le baptême. A cela s'ajoutait le refus d'adorer un objet, au lieu de Dieu : les images, les représentations du Christ, étaient condamnables, et les églises mêmes étaient inutiles. Nombre de ces tentations correspondaient à une vision extrême de la foi chrétienne : la viande était écartée par nombre d'ordres religieux et le célibat des prêtres pouvait signifier une rupture avec l'acte charnel considéré comme péché. Ainsi ceux qui furent condamnés pour hérésie furent peut-être emportés au-delà des règles chrétiennes par les principes mêmes qui avaient été défendus par la réforme grégorienne. Et ces hommes qualifiés d'hérétiques n'étaient pas si éloignés des ermites ou des prédicateurs qui proclamaient un retour à une foi et à une vie plus pures. Et pour cela ils rompaient avec leur monde habituel. Mais le croisé lui-même, qui prenait la croix pour combattre, n'abandonnait-il pas aussi son monde quotidien ? Ainsi les hérétiques entraient dans l'aventure, ils entraient dans la dissidence, religieuse mais aussi sociale, et la distinction n'est pas toujours très nette entre le saint et l'hérétique. Faudrait-il aussi voir ici une révolte contre la richesse et la puissance du seigneur ou du prélat, une lutte sociale ? Il convient d'être prudent. Les hérétiques étaient parfois des paysans, mais pas toujours. Ils rompaient avec le péché, qui était présent dans le monde des paysans, comme dans le monde des clercs ou des princes, mais ils rompaient pour améliorer le monde qu'il quittait, non pour le détruire.

Qu'en était-il de l'origine sociale des Cathares et en particulier des Parfaits dans le Languedoc. Certains soulignent que le catharisme a prospéré dans le Lauragais où la population était plutôt inculte et dans des milieux populaires, et qu'en revanche Toulouse, cité des comtes et de leurs officiers, des troubadours et des marchands, n'avait guère été touchée. Dans cette optique, le catharisme aurait été un sursaut populaire contre une religion et une société dominantes, bref un soulèvement des humbles. D'autres historiens montrent qu'au début du XIIIe siècle une nouvelle génération de Cathares fit son apparition, recrutée cette fois dans le monde de la noblesse et ce changement contribua à inquiéter Rome qui voyait les élites sociales, les cadres de la société, lui échapper et entraîner derrière eux leurs vassaux et leurs paysans.

René Nelli, qui a consacré nombre de livres au catharisme et aux troubadours, a insisté pourtant sur tout ce qui opposait le catharisme au système féodal et à la société médiévale. La hiérarchie sociale ne pouvait être, comme toute chose humaine, qu'une création du mal et non le reflet d'une volonté de Dieu, qui seule mérite le respect. La naissance, donc la nature, la semence et le sang, qui fondait

Peyrepertuse : les défis à la nature.
L'enceinte basse et l'éperon rocheux de l'est. A droite apparaît le logis, avec ses aménagements (éviers, latrines et poternes).

Peyrepertuse : une frontière à défendre.
C'est par son site et sa situation que s'imposa la place de Peyrepertuse. En effet, cette crête rocheuse des Hautes-Corbières garda la frontière entre le royaume de France et celui d'Aragon.

la distinction sociale, n'avait aucun caractère sacré, puisque c'était une illusion satanique. La justice rendue par les seigneurs n'avait pas de raison d'être, et à Montségur, les évêques cathares soumettaient à leur arbitrage toutes les querelles. Le serment qui avait une place essentielle dans le monde féodal, comme lien d'honneur entre le vassal et le suzerain, était aussi rejeté par les Cathares — les Parfaits ne mentaient pas. Et la guerre, l'activité du chevalier par excellence et la justification de ses privilèges, était aussi sujette à la condamnation. Nous retrouvons bien un retour à la leçon évangélique, qui était aussi la doctrine officielle de l'Eglise, mais qui était portée à l'extrême, au paroxysme, jusqu'à la rupture.

Ce qui est sûr, c'est que les Cathares trouvèrent des fidèles dans le monde seigneurial. Et finalement pour évoquer ces croyants, dont les traces sont perdues et qui n'ont laissé que peu de documents, l'homme d'aujourd'hui se tourne naturellement vers les citadelles imprenables où des barons médiévaux ont accueilli ces fous de Dieu. Même si ces forteresses ont été souvent remaniées après la fin de l'hérésie, ce sont d'abord ces sites et ces paysages qui laissent deviner un défi insensé à Rome et à Paris, au monde entier. Et les seigneurs méridionaux, une fois engagés dans la lutte contre les croisés ou le roi de France, furent contraints de s'appuyer sur les Cathares dont ils ne partageaient pas forcément les vues et qu'eux-mêmes parfois avaient persécutés, mais dont ils avaient besoin pour mobiliser les âmes face aux soldats venus du nord.

Des motivations plus triviales ont été évoquées pour expliquer les progrès du catharisme. La noblesse n'aurait pas été fâchée de voir les Cathares s'attaquer à l'Eglise dont elle convoitait les biens immenses. La tolérance méridionale à l'égard des Juifs a été aussi examinée avec soin. Les autorités ecclésiastiques n'y voyaient-elles pas une menace ? Des Juifs auraient suivi le vicomte de Béziers, lorsqu'il quitta sa ville devant l'avancée des croisés. Mais les Cathares eux-mêmes, en écartant l'Ancien Testament, ne niaient-ils pas l'héritage juif dans la religion chrétienne ? Les historiens ont souligné aussi que des conflits latents opposaient l'Eglise et les princes du midi, car ceux-ci soutenaient discrètement leurs sujets qui ne payaient pas les taxes prélevées par celle-là, en particulier les dîmes.

Aujourd'hui, le phénomène cathare est associé au domaine occitan, donc à une zone linguistique. Il est nécessaire d'introduire aussi la dimension politique. Le royaume de France avait laissé s'affirmer de grandes principautés qui portaient ombrage au modeste roi capétien, lié à son domaine de l'Ile-de-France. Le comte de Toulouse était un de ses princes qui était devenu presque indépendant de son suzerain théorique. Raimond, abbé de Saint-Gilles-du-Gard, cadet de la famille comtale, avait su s'imposer au XIe siècle et regrouper sous son autorité un territoire qui allait de la Provence jusqu'à la Gascogne. Au XIIe siècle, Raimond V était un prince presque souverain, et un prince qui comptait en Occident. Toulouse était une ville puissante et peuplée, et la cour du comte était brillante et fastueuse. Mais le comte devait compter avec ses voisins, en particulier les Trencavel : cette puissante famille contrôlait Carcassonne, Albi et Béziers et était vassale du comte de Barcelone, aussi roi d'Aragon dont la puissance s'étendait sur les Pyrénées. Au moment où les princes espagnols se mobilisaient dans la reconquête de la péninsule ibérique, alors aux mains des musulmans, qu'en serait-il de leur implantation au nord de la chaîne de montagnes ? Il fallait compter aussi sur les comtes de Foix : or, dans cette famille, les femmes furent souvent des ''Parfaites'' cathares. Sur les terres de ces princes, le catharisme n'a pas été présent partout. Il s'est surtout imposé sur une zone géographique entre Toulouse à l'ouest et Carcassonne à l'est, des contreforts pyrénéens au sud, jusqu'à la Montagne noire au nord. Jean Duvernoy parle d'un ''épicentre'' et fait remarquer que l'hérésie eut d'autant plus de facilité à s'installer que le contrôle politique et religieux était plus fragile — les comtes de Toulouse ne s'occupant guère de la partie occidentale de leur comté.

Après la croisade contre les Albigeois, la situation politique fut bouleversée. Le comte de Toulouse reconnaissait la suzeraineté du roi de France qui contrôlait bien le sud de son royaume, avant de l'englober complètement et directement dans son domaine. L'indépendance des principautés n'était plus qu'un souvenir et l'identité nationale s'était affirmée et renforcée, et le roi de France surveillait d'autant mieux cette zone de frontière qu'elle était cruciale pour le royaume de France face aux princes ibériques.

En pages suivantes :
Peyrepertuse : le château inférieur dit ''Donjon vieux''.
C'est au temps de Charlemagne qu'il est fait pour la première fois mention du pays de Peyrepertuse — d'un nom Petra Pertusa *qui signifie peut-être pierre percée. Et le château lui-même est évoqué dans le testament de Bernard Taillefer, comte de Besalu, fils d'un comte de Barcelone, mort en 1020.*
Peu à peu, le pays de Peyrepertuse, avec le Fenouillèdes, fut englobé dans un puissant royaume espagnol aux lisières du royaume de France. Peyrepertuse en constituait la limite septentrionale.

Métaphysique et morale des Cathares.

Tout tournait, dans le catharisme, autour du problème du mal. La foi chrétienne insistait sur cette donnée, et les cathares l'ont portée à son extrême logique. Puisque Dieu est parfait et qu'il est le créateur de toute chose, comment a-t-il pu créer le mal — le malheur, la douleur, comme le péché ? Il fallait recourir à une autre explication. Pour le dualisme que les historiens qualifient de modéré ou de mitigé le créateur du mal est Lucifer, un ange déchu. Pour les dualistes absolus, il y a une coupure radicale entre le bien et le mal. La réalité matérielle est donc une création diabolique. Le Christ n'a pas pu s'incarner en homme, car il aurait participé de cette réalité. Son incarnation ne fut qu'une illusion. Il ne peut être présent dans l'Eucharistie, puisque l'hostie est matière, et ne peut être transformée en Dieu. La procréation perpétue le monde visible : elle est donc condamnée. De là le refus du mariage pour les Parfaits : nul sacrement ne peut correspondre à un acte nuisible. Le catharisme est donc marqué du sceau d'un pessimisme radical. "Il en résulte pour l'Albigéisme un pessimisme plus profond, radical et insurmontable, qui s'exprime dans l'affirmation bien connue que le jugement a déjà eu lieu, et que les coupables sont déjà en enfer, c'est à savoir très exactement cette terre. Les hommes qui la peuplent sont les damnés, pour lesquels il y a seulement souffrance, malheur, mort et prison, dans la matière qui perpétue et produit l'instinct sexuel par lequel se continue, d'être en être, la chaîne du mal. La sexualité apparaît donc comme le piège diabolique, horrible et répugnant qui enveloppe de ses filets toute la réalité vivante". (R. Manselli)

Or le médiéviste Francis Rapp a montré que la chrétienté cherchait à tout prix l'unité, car elle se sentait menacée par d'autres religions à ses frontières, mais aussi par des retours au paganisme ou à des mythes anciens en son sein. Au nom de cette unité essentielle, l'Eglise dénonçait toute contestation de ses dogmes. La présence réelle du Christ dans l'Eucharistie et l'incarnation du Fils de Dieu en homme étaient les bases mêmes de la religion chrétienne. Ebranler ces piliers, c'était renverser tout l'édifice, l'institution ecclésiastique bien sûr, mais aussi la cohérence spirituelle et morale que le christianisme proposait au monde. Le catharisme occidental lui-même avait évolué, en particulier dans le Languedoc. "L'évolution interne du catharisme occidental contribua sans doute à son dépérissement. Dès la fin du XIIe siècle, en effet, il avait adopté le dualisme radical professé par l'église thrace de Dragowitsa. Il ne lui était plus possible dès lors de se présenter comme un christianisme authentique. Sa prédication qui avait pu tirer parti de sa ressemblance superficielle avec l'Evangile, aussi longtemps qu'était resté flou son propre contenu dogmatique, ne rencontra plus beaucoup d'écho dès qu'elle révéla l'abîme qui séparait sa propre théologie de la théologie chrétienne. Les néophytes, moins nombreux, ne comblèrent plus les brèches qu'ouvraient les exécutions" (F. Rapp). Le moment crucial pour un croyant cathare était celui du *consolamentum* qui assurait le salut éternel du fidèle. Dans la vision pessimiste de la création, c'était le seul espoir. Ce rite, ou ce sacrement, était pratiqué par les Parfaits, lorsqu'un fidèle était à l'article de la mort, mais il fallait que le croyant eût encore sa conscience et pût réciter une prière. En effet les cathares avaient refusé avec énergie le baptême catholique parce que l'enfant n'était pas encore conscient. Pouvait-on "consoler" le croyant s'il ne pouvait plus parler ? De là, le recours à un artifice, la *convenentia* ou *convenensa*. Le fidèle pouvait être consolé même s'il était incapable de parler, et ce fut utile à mesure que les Parfaits connurent des difficultés pour parvenir jusqu'aux malades. L'importance du *consolamentum* fut peut-être à l'origine de l'*endura*, le suicide par la faim, pratique sur laquelle les historiens se sont opposés. Si le fidèle survivait, il risquait de commettre des péchés et de perdre le bénéfice du sacrement. Pour l'éviter, le consolé aurait cherché volontairement la mort, en s'abstenant de manger. Cette forme de suicide aurait trouvé comme un écho dans le courage que montraient les croyants lorsqu'ils étaient conduits au bûcher. Certains historiens ont vu dans l'*endura* une dérive du catharisme à son déclin, d'autres ont considéré que cette pratique exista toujours dans ce mouvement spirituel. Comme le *consolamentum* était le moyen d'acquérir le salut, les sacrements catholiques n'avaient plus guère de vertu : la confession et la pénitence en particulier n'étaient gratifiées d'aucune efficacité, et c'était un autre moyen d'échapper à l'influence des prêtres qui, par là, s'ouvraient la voie des âmes.

Le *consolamentum* permettait aussi à un croyant de devenir Parfait — les Cathares disaient les Bonshommes, ou les Amis de Dieu. Après la cérémonie, le Parfait devait cesser de commettre des péchés. Désormais, il pouvait consoler les croyants au seuil de la mort. Il fallait sans doute une longue initiation pour obtenir le droit de consoler à son tour. Les Cathares devaient montrer leur respect à l'égard des Parfaits en les "adorant", c'est-à-dire en faisant trois révérences ou génuflexions en face d'eux, et les Parfaits bénissaient ceux qui les adoraient : cette pratique était aussi appelé le *melhorament*. Il faut donc supposer que les Parfaits se reconnaissaient aisément : longtemps, jusqu'en 1230, ils portèrent les

Peyrepertuse :
Vue plongeante sur le ''Donjon vieux''.

Peyrepertuse : la pierre conquise.
Vue depuis les remparts du roc Sant-Jordi et du château supérieur.

cheveux longs et la barbe. Ils étaient vêtus de noir et portaient une sorte de toque ou de bonnet rond. Mais la persécution les conduisit sans doute à abandonner ces signes distinctifs.

La vision cathare du salut se prolongeait dans la croyance en la métempsycose. Les hommes qui n'avaient pas été consolés voyaient leur âme errer, d'être en être, et ils pouvaient renaître sous la forme d'animaux. Il était donc interdit aux croyants d'en tuer, car ce pouvait être l'habitacle d'un esprit. Un Parfait avait été cheval dans une vie antérieure. Comme il passait, un jour, avec un compagnon près d'un lieu où il avait perdu un fer lorsqu'il était cheval, il s'en souvint, le dit à son compagnon : ensemble, ils cherchèrent le fer et le trouvèrent.

Un homme pouvait s'incarner en femme, et ce fut peut-être un facteur d'égalité entre les sexes chez les Cathares. Même si la femme était une victime privilégiée du démon, elle avait le droit de devenir Parfaite : elle était alors l'égale des Parfaits et elle pouvait prêcher. Ce qui convenait bien à un monde où les troubadours, dans leur poésie, avaient exalté la place de la femme et de l'amour.

L'hérésie dévoilée.

C'est au XIIe siècle que les autorités ecclésiastiques prirent conscience qu'une menace planait sur le Languedoc. Mais cette menace existait ailleurs. En 1143 environ, le prévôt des Prémontrés de Steinfeld en Rhénanie écrivit à Bernard de Clairvaux (saint Bernard plus tard) qui, avec les moines cisterciens, avait réformé l'ordre des bénédictins. Des hérétiques avaient été découverts, deux d'entre eux avaient discuté dans une assemblée de clercs et de laïcs, s'étaient obstinés et avaient été conduits au bûcher par "une populace trop zélée" ! Et ceux qui s'étaient soumis avouaient que l'hérésie existait depuis le temps des apôtres et que les hérétiques étaient "une multitude répandue partout sur la terre". Saint Bernard lui-même ne tarda pas à comprendre l'ampleur du mouvement. Il s'inquiétait des menées d'un ancien bénédictin, le moine Henri, et il décida d'aller en 1145 dans le sud. Là il se rendit compte que le terrain était favorable à l'hérésie, qui était bien implantée, même chez les notables, et que le terrain était favorable à un personnage comme cet inquiétant moine. A Verfeil, Bernard aurait accusé la noblesse de complaisance avec les hérétiques : les seigneurs quittèrent l'église avec le peuple. Le terrible homme de Dieu continua à les haranguer hors du sanctuaire, mais les seigneurs frappaient sur les portes pour couvrir sa voix. Bernard maudit la ville par un jeu de mots : "Verfeil (verte feuille) que Dieu te dessèche!" Ce furent les compagnons de Bernard, les Cisterciens, de l'ordre de Cîteaux, qui se chargèrent de mener les premières offensives contre les Cathares, alors que d'autres moines ou des curés ne montraient guère d'hostilité à l'égard des hérétiques. Saint Bernard ne perdit pas de vue les hérétiques du sud, alors qu'il se consacrait à prêcher la croisade contre les Infidèles qui tenaient Jérusalem.

Il était même difficile de nommer les hérétiques : parfois "ariens" du nom de la grande hérésie du début du christianisme, l'arianisme, ou bien "tisserands", ou enfin manichéens. Eux-mêmes se qualifiaient de "bons chrétiens" et leurs Parfaits étaient les Bonshommes ou les Bonnes Femmes. Ils furent aussi appelés traditionnellement Albigeois, même si, paradoxalement, la ville d'Albi ne fut pas l'un des foyers les plus importants de l'Albigéisme.

Peu à peu, des détails permirent de préciser le portrait de ces hommes différents : ils ne mangeaient pas de viande, ils s'agenouillaient souvent, ils refusaient de recevoir la communion, n'adoraient pas la Croix ou les images du Christ, ils refusaient l'autorité de l'Ancien Testament.

L'impuissance des Cisterciens.

Des conciles condamnèrent ces hérétiques et ceux qui les protégeaient, mais le dialogue était encore possible. En 1165, un concile ou un colloque réunit à Lombers des prélats et des représentants de ce qu'il faut bien appeler une "secte" : ceux-ci, pour toute défense, s'en tenait au texte même des Evangiles, pris au pied de la lettre. Et nous savons que les Bonshommes s'organisaient. Un pope, ou un "pape", ou "*papas*", venu de l'église cathare de Constantinople, serait en effet venu en 1167 présider un concile à Saint-Félix de Caraman (aujourd'hui Saint-Félix de Lauragais). Un document, parfois contesté, a raconté comment des évêques furent choisis pour la Lombardie, pour la France du nord, pour Albi, pour

En pages suivantes :
Peyrepertuse : de la puissance des barons à celle du roi.
Le château inférieur ou "Donjon vieux". Vers 1242, comme en témoigne l'escalier dit de "Saint Louis", Peyrepertuse devenait place forte royale. A partir de cette date, elle ne connut plus de guerres.

Toulouse, pour Carcassonne, pour Agen, et comment des limites furent proposées pour cette Eglise cathare qui apparaissait bien ainsi comme une contre-Eglise, avec sa hiérarchie. Et les évêques les plus nombreux auraient été pour le Languedoc, ce qui montrerait peut-être que l'hérésie avait bien trouvé là un espace plus favorable et des adeptes plus nombreux qu'ailleurs. Raoul Manselli, après le père Dondaine, a insisté sur cet événement : il unifiait l'église cathare, de la France méridionale jusqu'à la Lombardie et il adoptait un retournement en choisissant un dualisme radical et une affirmation plus polémique de la doctrine. L'église albigeoise naissait vraiment.

En 1177, le comte de Toulouse envoya une lettre au Chapitre général de l'ordre de Cîteaux où il dénonçait les progrès de l'hérésie : ''...ceux qui sont chargés du sacerdoce sont entachés de la puanteur de l'hérésie, les lieux antiques et jadis vénérables des églises sont incultes ou demeurent en ruines, le baptême est refusé, l'eucharistie abominée, la pénitence tenue pour rien ; la création de l'homme et la résurrection de la chair sont rejetées par la négative; tous les sacrements ecclésiastiques sont annulés, et, ce qui est terrible à dire, on introduit même deux principes.'' Cette lettre était sans doute une manœuvre politique, mais elle montrait néanmoins que l'hérésie était devenue un enjeu essentiel en Europe.

Une mission de Cisterciens vint dans le Toulousain et une confrontation eut lieu à Toulouse avec deux des principaux hérétiques, Bernard Raimond et Raimond de Baimiac, qui étaient protégés par un sauf-conduit. Ceux-ci se plaignirent du sort que leur avait infligé le comte de Toulouse : ils avaient été bannis. Ils présentèrent leur profession de foi, se gardant bien de toute audace, et des témoins protestèrent, affirmant que ces hommes croyaient en deux dieux, l'un bon, l'autre mauvais, qu'ils contestaient la présence du Christ lors d'une consécration par un prêtre indigne, qu'ils condamnaient le devoir conjugal. Les prélats catholiques ne purent que répéter aux deux hommes qu'ils étaient excommuniés. Mais l'Eglise ne se risquait pas à des exécutions, se contentant de pénitences, comme des pèlerinages. C'est le moment où l'ordre de Cîteaux était à son apogée — saint Bernard venait d'être canonisé. Un cardinal, ancien abbé de Clairvaux, Henri de Marcy, réussit à constituer une petite armée et prit les deux prélats cathares, présents à Toulouse. Ils reconnurent leur hérésie, abjurèrent, et ils devinrent chanoines, l'un à Saint-Sernin, l'autre à Saint-Etienne de Toulouse. C'était un succès pour l'Eglise catholique, et une retraite honorable pour les chefs cathares.

La montée des périls.

Avec le début du XIIIe siècle, le catharisme connut son âge d'or. Des dames de la haute noblesse, comme Esclarmonde de Foix, sœur du comte de Foix, se firent Parfaites. Cette fois, l'hérésie touchait des familles quasi souveraines, ce qui montrait qu'elle ne se dissimulait plus. Les textes disent simplement "hérétiques" pour désigner ceux qui avaient reçu le *consolamentum*. La conversion de ces figures de la noblesse révélait que les élites sociales étaient séduites par la nouvelle religion. La vision pessimiste, la rigueur morale et l'idéal de renoncement convenaient à des âmes assoiffées d'absolu : cela signifiait aussi que le message catholique ne leur suffisait plus. Le danger était grand pour l'Eglise, car ces Parfaits, issus de la noblesse, pouvaient faire des émules, d'autant plus que le savoir et l'art de la parole étaient plus répandus dans ces couches sociales, et que ces convertis avaient de plus grands talents pour faire de nouveaux croyants. Ils pouvaient entraîner dans l'hérésie les femmes et les hommes qui dépendaient d'eux, dans une société qui restait très hiérarchisée. Ne faut-il pas aussi noter un glissement des valeurs ? Les troubadours avaient célébré l'amour, idéal souvent, pour la noble dame, et ces sentiments avaient nourri la civilisation méridionale. Désormais, les nobles dames ne sont plus tentées par le badinage amoureux, elles sont attirées par une doctrine de la solitude et du dépouillement. Si les premiers cathares étaient encore choisis parmi des illettrés, au début du XIIIe siècle, le mouvement touche l'ensemble du tissu social. Le roi d'Aragon vint, en 1204, à Carcassonne dont il était suzerain, il renouvela ses condamnations contre les hérétiques, mais il ne sévit pas contre eux. Pourtant la tension montait.

Les Cisterciens étaient actifs en Languedoc, puisqu'un moine de l'abbaye cistercienne de Fontfroide, Pierre de Castelnau, était légat du pape, c'est-à-dire qu'il disposait de pouvoirs très étendus et qu'il représentait le pape en personne. Il s'en prenait au comte de Toulouse, Raimond VI. Et, en 1206, les Cisterciens avaient imposé un des leurs, un ancien troubadour, Foulque de Marseille, comme évêque de Toulouse ; il fut l'un des plus ardents combattants contre les Cathares. Et l'abbé général de Cîteaux, Arnaud Amaury avait été nommé légat. Mais ces moines étaient impuissants face à la vitalité du catharisme.

La chapelle Sant-Jordi.
C'est le sanctuaire du nouveau donjon qui fut construit au temps de Saint Louis. Il fut consacré à Saint Georges — Sant-Jordi en langue d'oc. Seul le pignon ouest de l'église reste debout.

La chapelle Sainte-Marie de Peyrepertuse.
Elle date d'avant 1115. C'est un édifice roman : l'abside est voûtée en cul de four. L'autel a été dégagé.

Dominique.

C'est le moment où Dominique arriva dans le Languedoc. Il suivait Diègue, évêque d'Osma en Espagne et il était sous-prieur du chapitre cathédral de cette ville. Diègue et Dominique rencontrèrent les légats et les Cisterciens dont l'effort était vain. Les deux Espagnols leur reprochèrent leur faste et leur recommandèrent de prêcher à pied, sans faiblir, et de montrer leur pauvreté, bref de combattre les Cathares sur leur propre terrain. Dominique avait parlé une nuit entière avec son hôtelier à Toulouse : c'était un Cathare, et le futur saint prit conscience de l'ampleur de l'hérésie et de la médiocrité des méthodes mises en œuvre. Une "dispute" eut lieu à Montréal. Du côté catholique, Diègue, Dominique, Pierre de Castelnau et son collègue Raoul, du côté cathare Arnaud Hot, Benoît de Termes, Pons Jourda et Guilhabert de Castres. Le chroniqueur mentionne que chacune des parties remit ses écrits à des arbitres, deux seigneurs et deux bourgeois. La discussion aurait duré quinze jours. La légende s'est emparée de cette discussion fameuse : "Un des nôtres, du nom de Dominique, homme de toute sainteté, qui avait été le compagnon de l'évêque d'Osma, coucha par écrit les citations d'auteurs dont il s'était servi dans le débat. Il confia cette feuille à l'un des hérétiques pour qu'il délibérât sur les objections. Au cours de la nuit, les hérétiques, réunis dans une maison, étaient assis auprès du feu. Celui d'entre eux à qui l'homme de Dieu avait remis la feuille la communique à la ronde. Ses compagnons lui proposent alors de la jeter au milieu du feu : si la feuille brûlait, c'est que leur créance — c'est-à-dire leur mécréance — serait véridique ; si par contre, elle ne brûlait pas, ils confesseraient la vérité de la créance de nos prédicateurs." A trois reprises, la feuille résista au feu. Néanmoins, cet affrontement théologique de Montréal, même s'il n'eut aucune conséquence concrète, fut une victoire pour l'Eglise cathare qui pouvait discuter sur un pied d'égalité avec les représentants de l'église officielle. Diègue d'Osma quitta le Languedoc, mais son disciple Dominique demeura. A la fin de 1206, Dominique installa une dizaine de converties, à Prouille, au-dessous de Fanjeaux, haut lieu du catharisme. Elles furent dotées de revenus par l'archevêque de Narbonne et Dominique s'efforça de ne pas transformer leur vie de Parfaites. C'était un moyen de faciliter les conversions et d'éviter que la noblesse, surtout pauvre, ne se débarrassât de ses filles en les donnant à l'église cathare.

Il y a un paradoxe dans la figure du saint. Son image est aimée. Après avoir installé ses converties à Prouille, il a fait accepter ses idées par Rome, et bientôt les "dominicains" allaient être présents dans le monde entier, ce qui montrait la justesse de la leçon de Dominique et la force de son exemple. Mais, aujourd'hui encore, une gêne s'installe lorsqu'il est question de Dominique, parce que ce sont les Dominicains qui furent les premiers inquisiteurs. Et les admirateurs du saint sont perplexes face à la mission qui fut confiée à ses disciples.

Jean Duvernoy a insisté sur les voyages à Rome de saint Dominique : le pape lui aurait confié une tâche difficile, celle de ramener à la foi catholique les Cathares en répondant à leurs aspirations. La pauvreté de Dominique et des siens devait prévenir l'accusation de luxe et de faste qui était lancée contre les prélats. Les qualités intellectuelles et l'art de la prédication permettraient de répondre aux interrogations religieuses et morales des cathares. L'ordre fondé par Dominique fut reconnu en 1216 et les Dominicains furent désignés par la papauté dès 1217 comme prédicateurs de la foi — ou frères prêcheurs. La mission fixée par le pape était claire : "Nous remercions Dieu qui a fait de vous des prédicateurs, véritables athlètes de la foi, et nous vous ordonnons, en vous l'enjoignant en rémission de vos péchés, de continuer à prêcher." Le mode de vie même des communautés, installées dans les campagnes plutôt que dans les villes, par son austérité et ses rythmes, pouvait rappeler celui des Cathares les plus fervents. Il serait ainsi possible à un Parfait de glisser sans mal du groupe hérétique à la communauté dominicaine.

Une autre dispute eut lieu à Pamiers, où Esclarmonde de Foix serait intervenue. Un moine lui aurait lancé : "Allez, Madame, filer votre quenouille".

La croisade comme recours.

Il y eut bien d'autres hérésies dans l'Occident médiéval et le catharisme fut présent ailleurs que dans le Languedoc — ou l'Occitanie — par exemple en Rhénanie, en Lombardie ou dans la France du nord. Pourquoi le pays cathare est-il par excellence cette région qui s'étend au pied des Pyrénées entre la mer et la Gascogne ? Parce que ce fut la cadre de la croisade. L'hérésie fut l'occasion, ou le

En pages suivantes :
Montségur : le pog.
Le piton calcaire des Pyrénées ariégeoises où fut installé le château de Montségur culmine à 1207 mètres. On l'appelle communément "Pog".

prétexte, d'une croisade, dans un monde où cette lutte au nom de la foi avait une lourde signification. Cette croisade n'était pas dirigée contre un musulman inconnu, vers des horizons lointains. C'était une croisade contre des hommes proches, sur des terres qui étaient au cœur de l'Occident, bref une guerre entre voisins et entre frères. La solution proposée par Rome et le pape Innocent III était radicale. Longtemps, des rencontres et des discussions théologiques avaient été possibles, ce qui montrait au moins une volonté de dialogue. Le meurtre du légat Pierre de Castelnau, événement politique, puisque le comte de Toulouse était impliqué, montra bientôt que la complicité avec les "hérétiques" touchait le niveau le plus haut, celui du comte, donc d'un prince presque souverain. Toute une fraction de la chrétienté ne risquait-elle pas d'échapper au contrôle romain ? Pour l'Eglise, le temps de la répression commençait, avec l'aide de la violence militaire et le déferlement des barons du nord de la France, voire de l'Europe, sur la France du sud. Mais, une fois domptés les chevaliers suspects de complaisance ou de simple tolérance, il fallait reconquérir les âmes et impressionner ceux qui seraient encore tentés par des idées hétérodoxes. Là ce fut l'Inquisition avec son attention méticuleuse et sa patience infinie qui procéda à cette enquête systématique et liquida l'hérésie cathare.

Les légats pontificaux accusaient les seigneurs de montrer trop de douceur à l'égard des ennemis de l'Eglise établie. Le comte de Toulouse, Raimond VI, était le premier visé. En effet le comte répugnait à persécuter les Cathares, puisqu'il en trouvait dans la plus haute noblesse, voire dans son entourage. Sans doute n'était-il pas fâché de montrer son indépendance, comme tous les princes de la chrétienté, face à la puissance pontificale. Le comte de Toulouse se faisait aussi l'interprète de ses propres vassaux et sujets, qui regardaient sans hostilité ces Parfaits : leur tolérance finalement n'était qu'une forme d'indifférence face à des querelles théologiques. Les représentants de Rome reprochaient aussi au comte de Toulouse d'avoir à sa solde des troupes de routiers qui ravageaient églises et monastères.

Le légat assassiné.

La sanction pontificale tomba : Raimond VI était excommunié, c'est-à-dire tenu à l'écart des sacrements, ce qui permettait à ses sujets de se dégager de tout engagement à son égard. Les relations du comte avec le légat Pierre de Castelnau étaient très tendues. Un écuyer du comte, sans doute sans l'approbation de Raimond, voulut venger son maître. Il assassina Pierre de Castelnau, à Saint-Gilles-du-Gard, alors que le prélat s'apprêtait à traverser le Rhône (15 janvier 1208).

L'acte était grave, car un homme de Dieu avait été assassiné par un homme du comte, et parce que Pierre était un représentant du pape, comme son image. La papauté fit retomber la responsabilité de cette mort sur Raimond, et tenait un prétexte pour aller plus loin. L'abbé de Cîteaux, Arnaud Amaury, fit pression pour que le pape déclarât la croisade. Guillaume de Tudèle, l'auteur de *La chanson de la croisade albigeoise,* cite, d'après un témoin, ambassadeur à Rome, les paroles qui furent alors prononcées : "Des murs de Montpellier aux portes de Bordeaux tout rebelle doit être abattu". En proclamant la croisade,le pape Innocent III accordait aux croisés l'absolution pour leurs fautes passées ou futures. Il ordonnait à l'abbé de Cîteaux de conduire à Carcassonne et à Toulouse l'armée contre les renégats. Il exposait en proie les terres de Raimond VI, c'est-à-dire qu'elles appartiendraient à celui qui s'en emparerait.

Arnaud Amaury gagna Cîteaux et il envoya ses frères annoncer l'ordre pontifical. Les seigneurs de la France du nord, du royaume anglo-normand et de l'empire allemand prirent les armes, et ils se regroupèrent dans la vallée du Rhône. Cette mobilisation inquiétait les barons méridionaux. Le comte de Toulouse aurait proposé une alliance défensive à son neveu, Raimond-Roger Trencavel, vicomte de Béziers et de Carcassonne, mais le jeune homme l'aurait refusée. Raimond VI négocia sa paix avec l'Eglise le 18 juin 1209 et il proposa de se croiser à son tour : il détournait l'orage qui grondait et l'orientait vers les terres des Trencavel. Il s'humilia : il fut fouetté en présence d'une foule considérable, à l'endroit où Pierre de Castelnau avait été assassiné.

"Tuez-les tous...".

L'armée croisée quitta Lyon le 24 juin 1209 ; l'abbé de Cîteaux la dirigeait et il était accompagné d'un grand nombre d'évêques. Il ne faut pas exagérer l'ampleur de cette armée : 6000 hommes peut-être, avec la suite ordinaire des chevaliers. La *Chanson* a conservé le nom des plus illustres croisés : le duc de Bourgogne, le comte de Nevers, le comte de Saint-Pol, le comte d'Auxerre, le comte du Genevois, Pierre-Bermond, seigneur d'Anduze et Sauve. Des chevaliers méridionaux prenaient aussi les armes à l'appel des évêques, ainsi le comte Gui d'Auvergne,

Montségur : le refuge sacré.
C'est Raymond de Péreille qui accepta de fortifier le site au début du XIIIe siècle, et il est difficile de savoir ce qui existait auparavant sur ce sommet.
Les Cathares en firent leur refuge à mesure que se développait l'offensive des croisés et de l'Eglise catholique. Un donjon, au sommet, était enveloppé d'une enceinte. Un village se blottissait entre le château et le bord des impressionnantes falaises. Au sud, des murs successifs protégeaient le château — le visiteur, aujourd'hui comme jadis, arrivait par ce versant. Au nord-est, un poste de guet occupait le Roc de la Tour : c'est ce rocher dont des Gascons s'emparèrent menaçant ainsi les assiégés pendant le siège en 1243.
En 1244, la citadelle se rendit, 205 Cathares furent brûlés mais quatre Cathares réussirent à s'échapper. Peut-être devaient-ils sauver des livres sacrés, ou préserver un trésor. La famille de Lévis prit possession de la place — le duc de Lévis-Mirepoix a consacré en 1924 un livre à Montségur.

Montségur ou le goût du mystère.
La place-forte fut remaniée, à la fin du XIIIe siècle ou au début du XIVe, et c'est à cette époque qu'appartiennent les vestiges de la forteresse actuelle. Les archéologues ont contesté les théories qui considéraient les ruines de Montségur comme un temple cathare, voire un lieu de culte solaire.
Le donjon, après la reconstruction, était intégré au système défensif et n'était plus au centre du château. Au premier étage, se trouvait sans doute le logis seigneurial — on y parvenait par le chemin de ronde. La partie inférieure du donjon était constituée d'une citerne et d'une salle basse. Un corps de logis le flanquait, suivi d'une basse-cour. Un fossé artificiel séparait cet ensemble fortifié de la barbacane de l'est.
Les fouilles ont livré de multiples objets qui témoignent de la vie quotidienne à Montségur au Moyen Age, mais qui ne disent rien sur le catharisme.

le vicomte de Turenne ou Bertrand de Cardaillac. Et ces croisés répandaient déjà la terreur. L'armée venue du nord se dirigea vers Béziers que le vicomte avait quitté pour gagner Carcassonne. L'évêque de Béziers tenta de convaincre les habitants de se rendre, puis il quitta la ville qui fut assiégée le 22 juillet 1209. La cité fut prise et livrée au pillage. Ce sac de Béziers est un événement-clef, même si l'ampleur du pillage et des atrocités a été gonflée. Faut-il voir, dans ces actes d'horreur, la folie des "ribauds de l'armée", la piétaille qui accompagnait les croisés ? Faut-il retrouver les massacres d'intimidation, tels que les avaient pratiqués des croisés, comme le roi de France Louis VII ou l'empereur Frédéric Barberousse. Faut-il accepter la version du poète au sujet d'un engagement des croisés : "Tout château résistant, toute ville rétive seront pris par force et réduits en charniers. Qu'on n'y laisse vivant pas même un nouveau-né. Ainsi sera semée l'épouvante salubre et nul n'osera plus braver la Croix de Dieu" ? Les habitants de Béziers, qui s'étaient réfugiés dans les églises, furent massacrés eux aussi, et sept mille seraient morts dans la seule église Sainte-Madeleine. L'horreur, aux yeux des méridionaux, vint de ce que les croisés ne distinguèrent pas les catholiques des hérétiques. Arnaud Amaury aurait dit : "Tuez-les tous, car le Seigneur connaît ceux qui sont à lui !". Ce propos, rapporté par Césaire de Heisterbach, montrerait que la croisade se transformait : ce n'était plus une affaire religieuse où les soldats faisaient la police au nom de l'Eglise, ce n'était plus une guerre féodale traditionnelle, limitée dans le temps et l'espace. C'était le châtiment de toute une population, considérée comme complice. Pour les barons méridionaux, c'était une grande épreuve qui leur était imposée où ils allaient voir leurs biens menacés. Pour le peuple du midi, c'était une invasion, où chacun, même bon catholique, risquait sa vie, simplement parce que des parents, des amis, des voisins avaient choisi de suivre les Cathares. Mais l'armée n'était pas assez nombreuse pour dominer cet immense territoire : il fallait bien un consentement relatif des populations locales, qui avaient conscience sans doute que les hérétiques avaient défié la vraie religion et qu'ils devaient être punis, les bons catholiques dussent-ils en souffrir aussi.

Puis ce fut le siège de Carcassonne. Le jeune Trencavel vit arriver l'armée des croisés sous ses murs et prépara la défense de la cité qui avait autrefois résisté à Charlemagne. Les assiégeants réussirent, après un combat sanglant, à s'emparer du chemin qui conduisait à l'Aude, et bien vite, dans la chaleur de l'été, la soif et l'épidémie affaiblirent les habitants. Le roi d'Aragon, Pierre II, qui était le suzerain du vicomte de Carcassonne, se rendit auprès des princes et plaida la cause de son vassal : en vain, et il quitta bientôt le pays. Finalement, Trencavel accepta de négocier. Il vint, avec neuf de ses fidèles, au camp de ses ennemis, au pavillon du comte de Nevers, où se tenait ordinairement le conseil de croisade. Il fut fait prisonnier. Ce châtiment est inhabituel dans les lois de la guerre. Peut-être se sacrifia-t-il pour épargner à sa ville le sort de Béziers. Dès l'annonce de sa reddition, les habitants de Carcassonne abandonnèrent la ville qui fut aussitôt occupée, mais, cette fois, l'abbé de Cîteaux interdit, sous peine d'excommunication, tout pillage.

En pages suivantes :
Usson-les-Bains.

Miglos : les seigneurs de la montagne.
Le seigneur du lieu fut cathare et ce château, solitaire et ruiné, évoque bien le destin de ces familles, touchées par une foi nouvelle et frappées pour elle. Non loin de là, Montréal-de-Sos a été imaginé comme le château où des fuyards de Montségur portèrent le Graal !

Usson-les-Bains : les hésitations des lignages.
La famille d'Alion tenta d'écarter les orages. Elle se rallia aux croisés, puis à Louis VIII de France. Pourtant Bernard d'Alion et son frère Arnaud d'Usson tentèrent de secourir Montségur en 1244. Les lignages hésitaient entre leurs fidélités et leurs craintes. Usson abrita des Parfaits et reçut peut-être le trésor évacué de Montségur.

Lordat.
Ce château domine l'Ariège et contrôlait le Sabarthès. C'était une place clef du comté de Foix.

En pages précédentes :
Foix : une famille de Parfaites. Les comtes de Foix protègent les Cathares et des femmes de cette famille furent des Parfaites. Pourtant Foix se soumis à l'autorité royale et ses comtes furent de puissants princes jusqu'à la fin du moyen âge.

Durfort et l'Orbieu.
La famille, qui possédait le château, était puissante et fut tentée par l'hérésie. La forteresse s'inscrit dans le paysage dessiné par l'Orbieu.

En pages suivantes :
Arques : l'installation des croisés.
Ce donjon carré, avec ses quatre tourelles, est postérieur à la croisade contre les Cathares. Simon de Montfort y installa son compagnon, Pierre de Voisins, dont les descendants édifièrent ce chef d'œuvre d'architecture militaire.

Padern ou la sentinelle.
Le château gardait la marche d'Espagne. Avec Peyrepertuse, Quéribus et Aguilar, ce fut une admirable ligne défensive. La forteresse a été remaniée à l'époque moderne : elle devenait demeure confortable.

Padern.
Le château fut occupé pendant la croisade, puis repris par les seigneurs faidits.

Carcassonne : la cité gardienne du midi.
La cité résume les prouesses médiévales en matière d'architecture militaire. C'était sur le flanc ouest que les Trencavel avaient leur demeure et la muraille du château comtal se confondit avec les fortifications royales. (Photo Marius Miégeville)

Carcassonne : tours Narbonnaises et tour du Trésaur.
Le jeune vicomte Trencavel fut un bouc émissaire rêvé lors de la croisade contre les Albigeois. Béziers fut pillée et il céda Carcassonne. Emprisonné, il mourut peu après. Ses biens allèrent à Simon de Montfort, puis au roi de France, qui, en 1266, annexa la cité au domaine royal. (Photo Marius Miégeville)

Prouille : le pari de saint Dominique.
En 1206, Dominique eut à Fanjeaux la vision d'une comète et le lieu du Seignabou rappelle cet événement. Dominique installa à Prouille des femmes cathares qu'il avait converties. De la pureté albigeoise au renoncement dominicain, le glissement fut plus aisé. L'actuel monastère manifesta la réinstallation de l'ordre de saint Dominique au XIXe siècle.

La demeure de Dominique à Fanjeaux.
Comment imaginer, en parcourant les rues tranquilles de Fanjeaux, que ce fut un haut lieu du catharisme ? C'était une ville, avec ses seigneurs et ses maisons de Parfaits ! Saint Dominique s'y installa et fit de Fanjeaux le centre de son action pour une reconquête des âmes.

Le donjon de Quéribus.
Cette belle salle, voûtée d'ogives, montre que les forteresses continuèrent à vivre bien après la soumission des Cathares : les défenses de Quéribus furent réorganisées et il fallait bien loger le gouverneur du château.

Un escalier à Quéribus... l'escalier du donjon. Il faut imaginer ce qu'était la vie quotidienne dans ces citadelles imprenables.

En pages précédentes : Quéribus face au nord.
Trois enceintes protègent le puissant donjon, qui fut, dès l'origine, l'élément défensif essentiel. Quéribus avait bien résisté aux barons du nord au temps de Chabert de Barbeira ; au contraire, en 1471, les troupes aragonaises s'en emparèrent sans coup férir.

Le château d'Aguilar.
Le rempart est, flanqué de ses tours.

Le château d'Aguilar.
De cette tour, on découvre à perte de vue la campagne environnante.

Château d'Aguilar.
Ne bénéficiant pas de défenses naturelles, le château se rendit pratiquement sans combattre à Simon de Montfort après que celui-ci eut pris Peyrepertuse tout proche.

Château d'Aguilar.
La façade ouest encore protégée par une enceinte et des tours.

En pages suivantes :
Les châteaux de Lastours.

Le château de Tour Régine à Lastours.
Cette tour est couverte d'une belle coupole et était escaladée par un escalier en vis.

Lastours : l'eau de la vie.
Les citernes, au pied de ce mur à Lastours, rappellent que l'eau était essentielle lorsqu'une citadelle était assiégée. Les chroniques évoquent souvent le désespoir lorsque l'eau vient à manquer : toute résistance est alors impossible.

Lastours : les quatre châteaux.
Ces quatre silhouettes sur un même site, au cœur du Cabardès, disent l'orgueil des seigneurs féodaux, mais aussi l'émiettement de leur pouvoir et la fragmentation de leur défense. Cabaret domine et a donné son nom à une phase de la guerre contre les Albigeois, mais il y a aussi Tour Régine, Surdespine et Quertinheux. A la fin du XIIe siècle, les seigneurs de Cabaret deviennent des protecteurs pour les Cathares et une communauté de Parfaits s'installe.

Cabaret à Lastours : le souvenir de Pierre-Roger.
Pierre-Roger de Cabaret fut l'un des compagnons des Trencavel, dont il était le vassal. Toute sa vie fut marquée par la foi cathare qu'il protégea, peut-être sans la pratiquer. On voit ici, dans le donjon, une voûte d'ogives, mais il est difficile de dater les différentes constructions.

Quertinheux à Lastours.
Un premier assaut des croisés contre Cabaret échoue et Bouchard de Marly, parent de Simon de Montfort, est emprisonné à Cabaret. C'est un précieux moyen d'échange, en 1211, lorsque Pierre-Roger de Cabaret doit capituler : il est dédommagé de la perte de ses châteaux. Malgré la soumission de 1211, les seigneurs de Cabaret restèrent hostiles à la croisade catholique. Un nouveau siège eut lieu en 1227, mais ce fut un échec, même s'il fallut évacuer des Parfaites. Pourtant, en 1243, les citadelles de Cabaret étaient déjà forteresses royales.

Fenouillet : un destin commun.
*Une préoccupation marqua le haut moyen âge : la défense face aux Sarrazins. Le pays de Peyrepertuse, avec Quéribus, mais aussi le Razès, et le Fenouillèdes connurent le même destin. Les rois carolingiens les cédèrent au comte de Barcelone, Wilfred le Velu. Un de ses petits-fils, Oliba Cabreta reçut le Fenouillèdes et le Peyrepertusès. Puis ce fut le tour de son fils Bernard Taillefer, comte de Bésalù. Il fallut la guerre contre les Albigeois au XIII*e *siècle pour couper le lien avec les princes de l'au-delà des Pyrénées.*

Fenouillet : l'aube des temps.
Le Fenouillèdes révèle tout à la fois les splendeurs de la nature — les gorges de Galamus — et l'ancienne présence de l'homme — la grotte de Tautavel. Mais du moyen âge il ne reste que quelques murailles.

Minerve : le souvenir du bûcher.
Ils furent cent quarante Cathares qui refusèrent la conversion et qui moururent sur le bûcher.

Minerve : de la révolte au ralliement.
Guillaume de Minerve, privé de sa cité, participa à tous les combats contre Simon de Montfort. Son fils, en revanche, suivit Louis IX en Terre Sainte. D'une croisade l'autre.

Quérigut ou le sort des Parfaits.
Ce château du Donnezan appartenait à Bernard d'Alion qui accueillait, dans ses domaines, des Parfaits. Bernard d'Alion, poursuivi par les inquisiteurs, fut brûlé. Il avait épousé Esclarmonde de Foix, qui fut Parfaite, et il était donc le beau-frère du comte de Foix.

Minerve : la candela.
C'est tout ce qui reste du château de Minerve, sur la partie la plus haute du rocher.

Le cloître de Fontfroide : l'assaut des Cisterciens.
Les moines s'installaient dans des solitudes et le site de Fontfroide est à l'écart des routes. L'ordre de Cîteaux vint donner un sang neuf au vieil ordre bénédictin. Ce sont les Cisterciens qui se chargèrent de lutter contre l'hérésie que leur maître spirituel, saint Bernard, avait découverte dans le midi.

Fontfroide : la splendeur monastique.
Les Cisterciens ne parvinrent pas à enrayer les progrès de la foi cathare. Ils semblaient trop fastueux, au cœur de leurs belles abbayes campagnardes, alors que les Albigeois célébraient la pauvreté et le renoncement. Si l'église de Fontfroide date du XIIe siècle, son cloître, dont les galeries sont voûtées d'ogives, est du XIIIe siècle — alors l'Eglise extirpait l'hérésie.

En pages suivantes :
Fontfroide : le légat assassiné.
Longtemps l'Eglise tenta de négocier avec les hérétiques, tout en condamnant l'hérésie. Pierre de Castelnau, moine de Fontfroide, devint légat du pape, et accusa le comte de Toulouse de complicité. Son assassinat fut l'événement qui déclencha la croisade contre les Albigeois. De gauche à droite, l'église, puis le cloître, enfin la cour du XVIIIe siècle : la vie des moines avait suscité une architecture majestueuse dans sa simplicité même.

Simon de Montfort.

Le jeune Trencavel se vit confisquer ses domaines : là encore, la décision était rude et montrait que l'autorité religieuse l'emportait sur toute autre et sur toutes les traditions féodales. Encore fallait-il trouver un chevalier pour garder ces fiefs. Les plus grands seigneurs, gênés, se récusèrent car le rôle était ingrat, et, comme toujours, un retournement militaire, politique ou diplomatique rendrait cette possession bien fragile. Finalement, un seigneur anglo-normand, Simon de Montfort accepta l'offre de Arnaud Amaury, c'est-à-dire Carcassonne et Béziers, Minerve et l'Albigeois. La personnalité de cet homme nous échappe car il fut tantôt haï, tantôt admiré. Il faut deviner une foi solide, un courage certain, une ténacité indéniable et un authentique talent militaire. Il était seigneur de Montfort — aujourd'hui Montfort-l'Amaury, près de Paris, mais il possédait sans doute le comté de Leicester en Angleterre. D'emblée, il demanda aux croisés de venir à son secours si le besoin s'en faisait sentir.

Car la croisade s'épuisait. Les seigneurs du nord avaient accepté de servir pendant quarante jours et ils ne souhaitaient pas s'installer durablement dans le midi. Seule une poignée de chevaliers demeura autour de Simon qui donna Béziers à Guillaume de Contres et Limoux à Lambert de Crécy. Simon gardait pour lui Carcassonne où le vicomte mourut de dysenterie dans sa prison le 10 novembre 1209. Montfort lui accorda des funérailles solennelles. La rumeur veut qu'il ait fait mourir l'homme qu'il avait dépouillé, mais rien n'est moins sûr.

Dès que les croisés se furent éloignés, la position des compagnons de Simon devint intenable et les villes retrouvèrent leurs légitimes seigneurs, ainsi Montréal, Lombers, ou Castres. Les Toulousains avaient refusé de livrer aux croisés les mauvais croyants, et le comte de Toulouse entreprit un grand périple pour obtenir le soutien politique du roi de France et de l'empereur, et le pardon du Saint Père. Il accepta même de confier la citadelle de Toulouse à l'abbé de Cîteaux qui s'y installa. Mais sa prédication n'avait que peu de succès: "Tiens, le matou ronronne" disaient les Toulousains en se moquant de la voix douce du terrible prélat.

Bouan : les grottes comme refuge.
Des grottes furent fortifiées, comme la spoulga de Bouan, qui a conservé son mur crénelé. Ces abris ont souvent suscité des légendes : grotte initiatique de Bethléem ou grotte de Lombrives — des Cathares y auraient été emmurés vivants.

Minerve et Termes.

Simon de Montfort avait su tenir l'hiver et, en juin 1210, il alla assiéger et prendre Minerve dont la forteresse était réputée imprenable. Le siège dura sept semaines. L'abbé de Cîteaux dicta les conditions de la reddition de Guillaume de Minerve. Il quitterait la ville avec les croyants et les Parfaits qui accepteraient de se convertir. L'abbé des Vaux-de-Cernay suivit les croisés dès leur entrée dans la ville, et il se rendit à la maison des Parfaits :''Nous ne voulons pas de votre foi. Nous rejetons l'Eglise romaine''. Les Parfaites montrèrent autant de fermeté. Cent quarante hérétiques, qui avaient refusé la conversion, furent conduits au bûcher : ''Parmi ces fous sont quelques belles putes'', commente cyniquement l'auteur de la *Chanson*. Jean Duvernoy a montré que le cas de Minerve allait s'imposer comme modèle pendant un demi-siècle :''...les seigneurs méridionaux étaient prêts à défendre leurs Parfaits dans leurs châteaux. S'il fallait les rendre, ils étaient prêts également à les abandonner au vainqueur. L'Eglise catholique offrait la vie sauve en échange d'une conversion. Les Parfaits choisissaient le bûcher.''

Simon voulut contrôler l'ensemble de la région et pour cela fit le siège du château de Termes. Guillaume de Contres y conduisit des machines de guerre, en particulier ces pierrières qui jouaient un rôle essentiel pour affaiblir les murs des citadelles et la résistance des défenseurs. Les seigneurs du nord étaient harcelés par les barons du sud dépossédés, les *faidits*, qui avaient trouvé refuge à Cabaret. Termes résista quatre mois, car la place jouissait d'un site exceptionnel et de machines de guerre. Et lorsque les réserves d'eau vinrent à diminuer, une pluie torrentielle vint à propos remplir les citernes. Malheureusement, une épidémie de dysenterie éclata et les assiégés évacuèrent de nuit la citadelle ''par un souterrain'' dit la *Chanson*. La ville était prise le 23 novembre 1210.

L'offensive contre le comte de Toulouse.

L'Eglise renforçait sa pression sur le comte de Toulouse, rappelant l'autorité unique du roi de France, accumulant les châtiments et les contraintes sur le comte et ses vassaux, livrant les terres au clergé ou à Simon de Montfort. La guerre était inéluctable entre les croisés et le comte qui comptait sur l'aide du comte de Foix et du comte de Comminges. L'évêque Foulque, qui avait tenté de créer à

Toulouse une confrérie alliée des croisés, fut bientôt contraint à rejoindre Montfort. La fiction d'un comte de Toulouse pardonné disparaissait.

Foulque prêcha une nouvelle fois la croisade et les seigneurs, une fois encore, obéirent à son appel et arrivèrent dans le sud. Ils s'emparèrent, sans difficultés, de Cabaret, puis ils prirent Lavaur le 3 mai 1211. Et une fois encore un bûcher fut dressé dans un pré où moururent 300 ou 400 parfaits. Le défenseur de la ville, Aimeri, seigneur de Montréal, fut pendu avec quatre-vingts chevaliers, et sa soeur, Dame Giraude, fut "poignets liés, jetée au fond d'un puits, et l'on couvre son corps d'un tombereau de pierres ; on fait là grand péché, car jamais de sa vie un pauvre ne la vit sans recevoir d'aumônes". Pendant le siège de Lavaur, le comte de Foix, Raimond Roger, redoutable homme de guerre, était venu à bout de 5000 Allemands croisés. En assiégeant le château des Cassès, Simon de Montfort entrait sur les terres du comte de Toulouse, et des Parfaits, qui avaient refusé de se convertir, furent brûlés. Le comte Baudoin, frère du comte de Toulouse, livra Monferrand. Simon de Montfort assiégea Toulouse, mais n'insista guère. Après le départ d'une partie des croisés, il se laissa assiéger dans Castelnaudary, supposé ville faible, par les comtes de Toulouse et de Foix. Mais ces derniers ne surent pas profiter de leur supériorité et une bataille près de la ville resta indécise. La *Chanson* révèle que la nouvelle d'une victoire toulousaine se répandit. A Lagrave, la population se souleva, massacra le bayle de la ville et la garnison française : ce fut Baudoin de Montferrand, rallié aux croisés, qui vint rétablir l'ordre. Cette révolte montre la colère populaire et une véritable fidélité au comte de Toulouse face aux étrangers, mais la répression est assurée par son propre frère, complice de ces mêmes "Français". L'offensive toulousaine n'était pas parvenue à repousser les barons venus du nord et à mettre fin à cette présence qui, au nom de la religion, était une occupation, assortie de confiscations.

En pages suivantes :
Villerouge-Termenès et le souvenir de Bélibaste.
La famille de Guillaume de Bélibaste était gagnée au catharisme. Guillaume, né en 1280, tua un berger qui voulait le dénoncer, lui et ses parents. Il est considéré comme le dernier Parfait. Découvert, il fut incarcéré à Carcassonne, puis, brûlé à Villerouge en 1321.

La défaite de Muret, et la fin d'un rêve.

En avril 1212, les croisés revinrent et les chroniqueurs aiment à souligner la diversité (sans doute exagérée) de leurs origines :''...par grandes compagnies, les croisés allemands, esclavons et frisons, les chevaliers d'Auvergne et les barons lombards reviennent batailler en croisade nouvelle. Alors les Toulousains d'effroi courbent l'échine comme sous une averse...'' Et le 1er décembre 1212, les statuts de Pamiers tentaient d'introduire des changements dans le droit du pays d'Oc. Si Philippe-Auguste se désintéressait de la croisade contre les Albigeois, il est probable que, chez les serviteurs du roi, l'idée progressait de lier plus étroitement le midi au reste du royaume.

En effet la guerre prenait une nouvelle dimension avec l'intervention du roi d'Aragon. Il était auréolé de sa victoire contre les Maures d'Espagne, en Andalousie, à Las Navas de Tolosa en juillet 1212 : la reconquête sur les musulmans était un succès. Le roi voulait en profiter pour retrouver son pouvoir au nord des Pyrénées et il était conduit à intervenir par ses liens familiaux avec le comte de Toulouse et avec son fils aîné, qui étaient tous deux ses beaux-frères. Bien sûr, les relations étaient étroites entre les populations et les princes, de part et d'autre des montagnes. Mais Pierre d'Aragon était aussi inquiet des bouleversements politiques qui transformaient cette zone de contact entre son royaume et celui de France. Cette alliance entre Toulouse et Aragon était d'autant plus dangereuse que les croisés étaient, année après année, moins nombreux à accourir dans le midi. Pierre d'Aragon décida d'assiéger Muret, non loin de Toulouse, que Simon de Montfort venait de prendre. Le comte de Toulouse et l'armée toulousaine le rejoignirent, tandis que Simon de Montfort arrivait pour s'enfermer dans la cité, le 11 septembre 1213. Raimond VI aurait voulu dresser des palissades autour de son camp ; les Aragonais y virent une marque de couardise. Les barons français se lancèrent donc contre le camp toulousain, que les chevaliers aragonais vinrent secourir. Mais deux soldats français parvinrent jusqu'au roi d'Aragon et le tuèrent. Privés de la chevalerie aragonaise, les combattants toulousains furent dispersés. Le coup d'œil, le sens de l'offensive, l'organisation : tels furent les atouts de Simon qui apparaissait comme invincible, alors que Raimond se réfugiait à Toulouse. La victoire de Muret est une date essentielle dans l'histoire du Languedoc et de l'Occitanie, comme de la France. Selon Philippe Wolff, elle sonnait le glas de l'union possible entre le Languedoc et l'Aragon. Il y avait bien une barrière des

Pyrénées et elle délimitait deux nations.

La défaite des Toulousains eut de grandes conséquences. Le légat Pierre de Bénévent obtint la soumission de tout ce que Simon ne contrôlait pas encore : Narbonne, Toulouse, Foix, le Comminges et le Roussillon. Montfort s'empara encore de l'Agenais, du Périgord méridional et du Rouergue. En mai 1215, la ville de Toulouse se soumettait à l'Eglise et à Simon. Et l'on fit appel au fils du roi de France, Louis, qui fit une croisade d'avril à octobre 1215. Le comte de Toulouse et son fils s'étaient réfugiés en Angleterre.

Les princes dépossédés.

En novembre 1215, se réunit le concile de Latran à Rome : l'Eglise se chargeait de réorganiser le Languedoc. Simon de Montfort se fit représenter par son frère, Guy. Le comte de Toulouse et son fils étaient présents, le comte de Foix aussi. Ce dernier fut accusé d'être un mauvais chrétien, d'avoir une sœur parfaite et de l'avoir accueillie sur ses terres et d'avoir permis que le pic de Montségur, "refuge d'hérétiques", fût fortifié. Il répondit qu'il s'était soumis à l'Eglise le 18 avril 1214, qu'il avait livré son terrible château de Foix et qu'il n'avait "aucun droit ni pouvoir" sur Montségur. En revanche il attaqua Montfort, les "traîneurs de croix" et Foulque, l'évêque de Toulouse. Le pape promit de lui rendre justice, comme il le ferait au fils de Trencavel. La discussion porta sur le sort de Raimond. Devait-on confisquer les terres des seuls hérétiques, alors que les barons dépossédés se disaient bons catholiques ? Pouvait-on déshériter le fils de Raimond pour les erreurs de son père ? Le continuateur de la *Chanson*, favorable à la cause des cathares, conclut : "Les princes de l'Eglise ont forcé le Saint Père à tout abandonner aux griffes de Monfort". En avril 1216, le roi de France confirma à Simon de Montfort ses titres de duc de Narbonne et de comte de Toulouse.

En pages suivantes :
Le regard sur les vallées.
Le château de Puylaurens. La muraille nord, épousant les ondulations du terrain, prolonge et renforce admirablement les défenses naturelles du site.

La mort de Simon.

Le comte de Toulouse et son fils gagnèrent la Provence, furent bien accueillis à Marseille et Raimond reçut la soumission de la ville d'Avignon. La philosophe Simone Weil a admiré cet hommage que rendait une ville libre à un prince déchu. Il y avait en effet, dans la civilisation médiévale, un respect scrupuleux de l'ordre établi, du droit héréditaire, de la tradition voulue par Dieu. L'Eglise et Simon avaient troublé la société ; les seigneurs faidits n'attendaient qu'un signe pour sortir du maquis. Raimond VI gagna l'Espagne pour y rassembler une armée, tandis que son fils se dirigea vers Beaucaire, confisquée au comte de Toulouse, en faveur de Montfort, dont l'ennemi acharné, le troubadour Gui de Cavaillon, accompagnait le jeune comte. La ville était prise, mais pas le château qui la dominait. Simon qui tentait, dans le nord, de ranimer l'esprit de croisade, arriva bien vite et s'installa près de la ville, mais il ne parvint pas à reprendre la ville et il se retira le 24 août 1216.

Simon revint à Toulouse où le mécontentement grondait et qu'il soumit rudement. Il lui fallait en permanence chevaucher, assiéger, combattre pour maintenir dans l'obéissance des barons ou des villes qui ne cherchaient qu'à s'en échapper. Et il ne put empêcher le 13 septembre 1217 le retour de Raimond VI à Toulouse. La situation semblait bien difficile et, une fois de plus, les prélats conseillèrent de demander au nord des secours: la femme de Monfort, Alice de Montmorency, alla solliciter ceux de son frère, Mathieu de Montmorency, l'un des héros de la bataille de Bouvines. Les renforts arrivèrent au printemps de 1218. L'attaque s'engagea, mais Guy de Montfort fut tué par une flèche, puis une pierre vint frapper Simon : "Elle tombe tout droit sur le heaume d'acier de Simon de Montfort. Son front en est crevé, sa mâchoire brisée, sa cervelle et ses yeux jaillissent de la tête." La légende veut que le mangonneau, machine de guerre qui lançait les pierres, ait été servi par une femme, ou des femmes. Le siège de Toulouse fut levé et le corps de Simon enterré dans l'église Saint-Nazaire, cathédrale de Carcassonne. Selon la *Chanson*, sur la pierre tombale, fut gravé clairement que Simon était "saint et martyr", ce qui provoque la colère du poète.

Cette mort était un événement imprévu : Simon avait conquis, au nom de l'Eglise, les terres occitanes. Il semble avoir toujours obéi aux conseils des prélats qui l'accompagnaient. Il s'était dépensé sans compter pour tenir villes et châteaux sous sa férule. Les autorités ecclésiastiques n'avaient pas hésité à dépouiller les barons trop hésitants ou peu dociles, pour satisfaire les croisés qui avaient accepté de s'installer dans le midi et pour nourrir leurs troupes. Les talents militaires de Simon avaient permis cette occupation, pendant quelques années. Une telle solution s'était révélée fragile et temporaire, toujours remise en cause, et elle ne dépendait que d'un seul homme. L'idée s'imposait qu'il fallait se tourner non plus vers une assemblée hétéroclite de croisés, mais vers une autorité souveraine, le roi de France, qui enverrait son fils, le prince Louis. La croisade, avec l'intervention du pape et des prélats, l'arrivée de combattants de toute la chrétienté, les motivations religieuses laissaient la place à une nouvelle logique : celle qui voyait l'affirmation du roi de France.

La nouvelle logique : l'intervention du roi de France.

Le cardinal Bertrand, légat du pape Honorius III, désigna Amaury de Montfort pour succèder à son père. Mais Amaury disposait désormais de l'aide du prince Louis, qui après avoir vaincu les Anglais et pris La Rochelle, arriva à Marmande. La ville assiégée succomba (1219) et la population fut massacrée. Amaury et le prince Louis se dirigèrent vers Toulouse, mais Louis de France abandonna le siège le 1er août 1219.

Les comtes de Toulouse reprirent de nombreuses places comme Lavaur, Puylaurens, Montréal, Mirepoix. Amaury de Montfort, criblé de dettes, abandonna tous ses droits au roi de France, alors que le prince Louis montait sur le trône en 1223, sous le nom de Louis VIII. Raimond VII devenait comte de Toulouse à la mort de son père. Et en 1224, Amaury abandonna Carcassonne au jeune Raimond Trencavel. Les comtes et barons du midi était face à un roi de France, qui connaissait la question albigeoise, y était sensible et comptait la régler. En décembre 1225, le concile de Bourges renouvela la condamnation de Raimond, ennemi de l'Eglise et du roi.

Guilhabert de Castres.

En effet le catharisme et l'église cathare, malgré la croisade, étaient toujours vivants. Dès les premières inquiétudes au début du XIIIe siècle, la citadelle de Montségur avait été fortifiée. L'évêque cathare Gaucelm et son "fils majeur" Guilhabert de Castres s'y réfugièrent au moment de la croisade. Et la place-forte était apparue comme le centre du catharisme et le garant de sa survie.

Les veilleurs de pierres.
Dans la forteresse de Puylaurens, seule la tour carrée, ou donjon, fut construite avant la croisade, au XIIe siècle sans doute. La citadelle est composée de deux enceintes : la première entoure une grande cour allongée. Pour y parvenir, il faut escalader la colline par une montée en chicanes. Deux tours semi-circulaires gardaient cet espace.

Puylaurens. L'escalier vers le ciel.
Une seconde enceinte délimite le réduit fortifié autour du donjon : une porte, défendue par un assommoir, permettait d'y accéder. Dominant le chemin d'accès, une tour, dite de la Dame Blanche, possède, entre les étages, un conduit portevoix, creusé dans la paroi. L'essentiel de la forteresse fut construit au temps de Saint Louis, puis de son fils Philippe le Hardi. L'ensemble fut complété au XVIIe siècle.

Les barons du nord, malgré les bûchers et les confiscations, n'avaient pas obtenu une victoire définitive sur l'hérésie. Les barons méridionaux retrouvaient leurs terres avec l'accord du roi de France : ils s'empressaient de protéger de nouveau les Parfaits. Guilhabert de Castres se construisit une maison à Fanjeaux. Des Parfaites, qui s'étaient réfugiées dans des monastères ou des prieurés, les transformaient en maisons de Parfaites cathares. Une nouvelle ère de tolérance semblait s'installer. Le comte de Toulouse prenait sous sa protection les moniales de Prouille. Des colloques renaissaient entre Cathares et catholiques.

Un grand effort fut fait par les "bons chrétiens" qui avaient survécu à la croisade pour réorganiser leur église. Ainsi Bernard de Lamothe fit une vaste tournée avant d'être ordonné "évêque" cathare. Il assista à un véritable concile à Pieusse en 1226 où près de cent Parfaits étaient présents et où il fut décidé de nommer un évêque pour le Razès — autour de Limoux.

L'âme de cette reconstruction fut bien Guilhabert de Castres. C'est lui qui avait accueilli Esclarmonde de Foix dans l'église cathare, c'est lui qui avait discuté au colloque de Montréal. Réfugié à Montségur, il a su se tourner vers la noblesse catalane pour chercher des secours. En 1221, à Mirepoix, il a rencontré deux grands seigneurs féodaux des Pyrénées à cette fin. Profitant de la trêve, il se remit à prêcher ouvertement dans le plat-pays. Mais l'offensive de l'armée royale l'obligea à s'enfuir.

En effet le roi de France lança une grande expédition en 1226. Avignon fut prise contre toute attente. Le roi ne rencontra guère de résistance. Les ralliements se multiplièrent d'autant que la répression contre les hérétiques était féroce : l'évêque cathare du Carcassès, Pierre Isarn, fut brûlé devant Louis VIII. Lorsque le roi quitta le pays, Imbert de Beaujeu reçut le commandement : c'était désormais une armée cohérente, royale, qui ravageait le pays et punissait les mauvais croyants. Les Parfaits de Labécède furent brûlés vifs en juillet 1227. Si Louis VIII mourut bientôt, sa veuve, Blanche de Castille, au nom du jeune Louis IX, continua la lutte au sud. Ses origines familiales la conduisirent à regarder volontiers vers le midi qu'elle chercha à soumettre.

Raimond VII avait été en péril devant l'avancée du roi de France, car le comte de Foix l'avait abandonné et nombre de barons se ralliaient aux Français. Mais le comte avait su ensuite desserrer l'étau les années suivantes. Jean Duvernoy a souligné l'évolution paradoxale de la situation. Des seigneurs, dont toute la famille avait adhéré au catharisme ou qui, eux-mêmes, lui avaient été favorables, se soumettaient au roi de France. Ainsi Bernard-Oth de Niort, dont la grand-mère, la mère, les tantes avaient été parfaites, proclamait son attachement au roi. Olivier et Bernard de Termes, dont le père avait vaillamment défendu la citadelle familiale et qui avaient longtemps lutté pour le comte de Toulouse, remirent leur château au roi de France, mais conservèrent leurs autres terres en lui prêtant hommage (novembre 1228). Il y a, derrière ces ralliements, une forme de peur, et la fatigue après des années de guerre, mais il y aussi la reconnaissance d'une autorité, peu contestable désormais, celle du roi de France, garant de l'ordre et de la paix. Aux yeux de la monarchie, il fallait sauver l'ordre social, les seigneurs méridionaux, les libertés locales, en sacrifiant la secte albigeoise.

La soumission du comte de Toulouse.

C'est sans doute dans cet esprit que Raimond accepta la négociation avec Blanche de Castille, qui était assistée du cardinal Romain de Saint-Ange. Raimond se rendit à Meaux et signa le traité de Meaux ou de Paris le 12 avril 1229. Les conditions qui lui furent imposées étaient draconiennes. Il devait demeurer fidèle au roi et à l'église, et purger son pays de l'hérésie. Il devait payer ceux qui permettraient de découvrir un hérétique. Il lui était interdit d'accorder des charges à des hommes suspects d'attaches avec les cathares. Il lui fallait restituer à l'église les biens qu'elle avait avant la croisade et payer une très lourde indemnité. Normalement, il devait prendre la croix et partir en Terre Sainte — il s'en dispensa. Il traiterait en amis tous ceux qui s'étaient déclarés pour les croisés. Il démantèlerait ses forteresses et cèderait au roi celles qui ne seraient pas démantelées. Le traité définissait les nouvelles limites du comté : le comte Raymond conservait pour le restant de ses jours le Toulousain, moins Mirepoix donné à Guy de Lévis, maréchal de "l'armée de la foi" et le comte gagnait le Lauragais tant convoité. Le comte gardait l'Agenais, le Rouergue, une partie des diocèses de Cahors et d'Albi. Il donnait sa fille et héritière Jeanne au frère du roi, Alphonse de Poitiers, et elle apporterait à son mari de larges territoires. A la mort du comte, le couple hériterait de ses domaines ; si Jeanne et Alphonse n'avaient pas d'enfants, le roi de France recevrait leur succession. Le comte cédait ses domaines à l'est du Rhône, Avignon et le Comtat Venaissin, qui allaient au pape. A l'ouest du Rhône, les territoires, occupés par les troupes royales, formaient les sénéchaussées de Beaucaire, Carcassonne, Béziers et Nîmes. Amaury de Montfort aban-

La montagne et la forêt.
Puylaurens surveillait la vallée de la Boulzane et la haute vallée de l'Aude, dont le voyageur découvre le défilé spectaculaire de Pierre-Lys — la route n'a été creusée qu'au XVIIIe siècle à l'initiative du curé. Le château est le guetteur de ces vallées boisées.

La majesté des ruines.
La cour de Puylaurens.

donnait tous ses droits dans le midi, mais se voyait promettre la charge de connétable.

L'absolution de Raimond par l'Eglise fut marquée par une cérémonie devant Notre-Dame de Paris : en chemise, le comte s'agenouilla devant le légat. Il revint en novembre 1229 à Toulouse. Le comte de Foix se soumit aussi.

Cette soumission a indigné nombre d'historiens du midi : "Il avait été le véritable vainqueur de Simon de Montfort et n'avait pas abdiqué devant Louis VIII. A quelles circonstances devons-nous le triste spectacle qu'il va brusquement nous offrir ? Pourquoi, parti de son Languedoc, sinon en vainqueur, du moins invaincu, devait-il revenir après avoir livré son pays, pieds et poings liés au roi et à l'église" (Fernand Niel). Derrière cette indignation, il faut deviner une forme de patriotisme, voire de nationalisme, lié à l'amour d'un pays, le Languedoc ou l'Occitanie. Mais c'est commettre peut-être un anachronisme. Les hommes n'étaient pas attachés à un pays ou un terroir, mais plutôt à un homme, un lignage, une famille, dont l'histoire se confondait avec celle du pays ou du terroir. Le comte de Toulouse renouait, par un sacrifice, avec cette histoire qui avait été interrompue par la croisade contre les Albigeois. Il ne faut pas oublier les hiérarchies du monde médiéval que les contemporains jugeaient immuables, reflet du monde céleste. Pour retrouver sa place normale et ancienne dans la société, le comte devait reconnaître la suprématie de l'Eglise, puis celle du roi. Henri II Plantagenêt fut humilié aussi pour le meurtre de Thomas Becket. Georges Duby, avec prudence, a replacé le traité de Meaux dans sa signification historique à propos de la *Chanson* : "La force de son cri ne doit pourtant pas faire oublier qu'à ce même Raymond VII, réconcilié avec l'Eglise et promettant de combattre de toute force le catharisme, le tout jeune roi Louis IX restitua le comté en 1229. Aucun de ses conseillers ne se fût senti le droit de l'annexer au domaine royal, aucun d'ailleurs n'eût jugé qu'il fût profitable de le faire. Sans doute le monarque conservait-il dans sa main Carcassonne, Beaucaire et les contrées d'alentour, mais comme une garantie contre un revirement possible du comte de Toulouse, comme un poste avancé de la lutte anti-cathare et surtout comme une ouverture sur la mer, c'est-à-dire sur la croisade, la seule bonne, celle de Terre Sainte." Et Gérard Sivéry, le biographe de Blanche de Castille a écrit : "Le roi sort donc vainqueur. Le comte de Toulouse s'est incliné mais il garde une part importante de ses possessions, ce que regrettent ses adversaires les plus acharnés. Ils lancent alors une nouvelle campagne d'opinion contre Blanche de Castille que l'on accuse désormais sans relâche de protéger son cousin Raimond VII au détriment des intérêts des fidèles vassaux de Louis IX dans le Midi''.

L'invention de l'Inquisition.

La paix de Meaux fut bientôt suivie d'un concile à Toulouse, qui devait régler, après les questions politiques, le sort de l'hérésie. Il fut donc décidé en novembre 1229 que, dans chaque paroisse une commission, composée d'un prêtre et de deux ou trois laïcs, serait chargée de chercher les hérétiques et de les dénoncer. Les seigneurs devaient se joindre à cette recherche et seraient punis s'ils ne le faisaient pas. Mais le concile ordonna que nul ne fût condamné comme hérétique, s'il n'avait été jugé tel, par l'évêque ou une autre autorité ecclésiastique. En 1231, le pape réaffirma que seule l'Eglise avait le droit de condamner pour hérésie. Et le mot *inquisitor*, dans son sens nouveau, fit son apparition dans des statuts préparés par un sénateur de Rome. C'était l'Inquisition qui naissait et elle fut confiée aux disciples de saint Dominique, les Dominicains, par la bulle pontificale *Ille humani generis* du 8 février 1232. Dès cette date, le comte de Toulouse donna force de loi aux décisions de Grégoire IX. La recherche des hérétiques était ainsi assurée par des hommes de la parole, des prédicateurs dont la formation intellectuelle solide pouvait affronter les subtilités théologiques et dont la vie exemplaire ne donnait pas prise aux critiques anticléricales. Peu à peu, ils remplacèrent, dans cette poursuite des mauvais chrétiens, les évêques et le clergé séculier, soupçonnés de complaisance ou de faiblesse. En avril 1233, le pape demanda au Provincial des Dominicains de désigner deux frères pour juger avec pleins pouvoirs et sans appel. Les Dominicains ne dépendaient que de Rome, ce qui renforçait encore leur puissance, et leur permettait de s'attaquer à des notables, voire à de grands seigneurs. Ils allaient chercher les hérétiques au cœur des abbayes. Ils n'hésitaient pas à demander l'exhumation d'hérétiques, pour livrer au feu leurs cadavres. L'Inquisition développa une redoutable méthode d'enquête, minutieuse, rigoureuse, impitoyable. Ce modèle fut symbole d'oppression, mais les condamnations pour hérésie n'étaient prononcées qu'à la fin d'une investigation scrupuleuse et après la découverte de preuves manifestes. Dans la France du nord, le pape désigna comme inquisiteur général un ancien parfait, Robert le Bougre, qui se montra impitoyable et finit par être désavoué. Dans le midi, ce fut un compagnon de Dominique, Pierre Sellan qui fut choisi, avec le frère Guillaume Arnaud, puis Arnaud Catala.

Puylaurens : l'enceinte, les créneaux et le chemin de ronde.
Avant la Croisade contre les Albigeois, Sicart de Puylaurens avait accompagné le chevalier Peytavi de Puylaurens au cimetière cathare, et il avait accepté dans son château la présence de Guilhabert de Castres, ainsi que d'un médecin cathare. Autant d'engagements publics en faveur de la foi hérétique. Mais la croisade changea le cours des choses. La résistance aux Français fut vivace. Puylaurens fut sans doute un temps occupé par des seigneurs français, puisque Raimond VII de Toulouse les fit décapiter pour leurs rapines et leurs atrocités. Enfin Sicart de Puylaurens fit l'hommage au roi de France pour son château (Jean Duvernoy).
La citadelle de Puylaurens connut encore les soubresauts de la lutte contre le roi de France : le retour de Trencavel en 1240 et la révolte du comte de Toulouse en 1242. Les forteresses tombaient les unes après les autres aux mains du roi et de ses sénéchaux. Après la chute de Montségur en 1244, Puylaurens devint définitivement possession française, sans doute avant 1250. En 1255, Saint Louis ordonna au sénéchal de Carcassonne de fortifier le château de Puylaurens.

Albi sans les Albigeois.
Les hérétiques, qui se voulaient simplement chrétiens et qui désignaient leurs Parfaits comme des Bonshommes, furent souvent appelés Albigeois. Pourtant Albi ne fut pas le foyer le plus éclatant du catharisme. (Photo Bertrand Cabrol)

Les nids d'aigle.

Les Parfaits avaient quitté les villages en 1229, et ils ne comptaient plus que sur l'aide de seigneurs qui disposaient de nids d'aigles pour les accueillir. Un groupe important autour de Guilhabert de Castres supplia Raimond de Péreille de les accueillir dans sa citadelle de Montségur où l'Eglise des hérétiques aurait désormais "son siège et sa tête". Là, Guilhabert fit des ordinations ; de là, il envoya et il défendit ses diacres et ses Parfaits.

Des chevaliers s'installèrent à Montségur, avec leurs écuyers; ils vivaient sur le trésor de l'Eglise cathare. En effet les croyants ne manquaient pas de faire des legs au moment de leur mort et en chargeaient leurs héritiers. Cet argent était aussi utilisé pour payer des barons qui acceptaient, contre argent, de protéger les Parfaits.

L'errance fit bientôt partie de la vie des Cathares puisqu'il leur fallait échapper à la menace toujours présente. Lorsque les Parfaites racontèrent leur vie aux inquisiteurs, elle apparut comme une suite de voyages d'abri en abri, de mas en château, de grottes en forêts. Et les inquisiteurs désignèrent même les spécialistes de ces refuges, ces conducteurs, ces passeurs, ces porteurs de messages : *ductores, receptatores, nuncii.* Un monde du mystère transparaît qui fut aussi celui du désespoir.

Raimond VII et l'évêque de Toulouse, un dominicain, participaient aux recherches et arrêtèrent des Parfaits. Les inquisiteurs s'efforcèrent de traquer les Cathares dans Toulouse, avec l'aide d'un frère italien, Roland de Crémone. Le 4 août 1234, jour de la canonisation de saint Dominique, l'évêque de Toulouse, Raimond, apprit qu'une Cathare à l'agonie allait être consolée. Après la messe, le prélat se rendit chez elle, ne se présenta pas comme évêque et la mourante, trompée, confessa sa foi secrète. La vieille femme fut conduite sur son lit vers le bûcher. Puis tout le couvent dominicain alla manger au réfectoire. De tels actes, surtout les exhumations, provoquaient la colère des populations qui s'en prirent aux inquisiteurs ou aux dominicains en général. A la fin de 1235, les Toulousains chassèrent tour

L'église des Jacobins de Toulouse : la parole pour reconquérir.
Toulouse fut le berceau de l'ordre fondé par saint Dominique. Les frères prêcheurs reçurent de la papauté la mission de reconquérir les âmes par la parole et la persuasion. Cette église gothique eut l'honneur d'accueillir la dépouille de saint Thomas d'Aquin.
(Photo Bertrand Cabrol)

à tour les inquisiteurs, les dominicains et leur évêque. Une nouvelle solidarité naissait entre les seigneurs dépossédés pour hérésie et les Parfaits pourchassés, et cette solidarité s'enfonçait profondément dans la société, comme si le nombre des croyants augmentait avec la persécution. Le comte de Toulouse, lui, louvoyait. Il soutenait l'Inquisition et ses officiers réussirent même à s'emparer d'un Cathare important à Montségur. Le comte en 1233 se montra catholique zélé en prévoyant des mesures contre ceux qui assassineraient des délateurs, et il ordonnait d'obturer les cabanes écartées, les souterrains, les grottes, refuges des cathares pourchassés. Mais le comte cherchait aussi à ménager ses sujets hérétiques.

L'attentat d'Avignonet.

La tension était telle que l'héritier des Trencavel en 1240 franchit les Pyrénées, avec l'accord du comte de Foix. Les troupes descendirent la haute vallée de l'Aude, elles reçurent l'aide des faidits, et les Parfaits purent prêcher de nouveau à Fanjeaux. Mais le comte de Toulouse resta prudent et n'aida pas ouvertement le vicomte. La cité de Carcassonne ne se rendit pas, bien défendue par le sénéchal du roi de France, Guillaume des Ormes. Et finalement Trencavel fut enfermé dans Montréal : il fallut l'intervention des comtes de Toulouse et de Foix pour qu'il pût en sortir. Une armée royale poursuivit les révoltés et, le 16 novembre 1240, le seigneur de Peyrepertuse, après une négociation qui effaçait le passé, rendit son imprenable citadelle aux hommes du roi Louis IX.

L'offensive du comte de Toulouse était bien plus inquiétante pour le roi de France et pour l'Eglise. Raimond VII avait renouvelé sa soumission à Louis IX, le 14 mars 1241, à Montargis, et il avait promis d'assiéger Montségur : il se contenta d'une démonstration militaire au pied de la citadelle. En revanche, il prépara une coalition diplomatique avec les rois de Castille, de Navarre, d'Aragon, d'Angleterre, et même avec Trencavel. Il annonça à ses sujets qu'il voulait se dégager des obligations du traité de Meaux.

Pour mobiliser les chevaliers cathares, il laissa se perpétrer l'attentat d'Avignonet. Des faidits descendirent de Montségur, autour de Pierre-Roger de Mirepoix, et furent bientôt rejoints par d'autres soldats, au total quatre-vingts personnes. Avec la complicité d'un neveu naturel du comte, ils pénétrèrent dans Avignonet en faisant mine d'enfoncer les portes. Ils assassinèrent les inquisiteurs, un dominicain et un franciscain, un archidiacre et leur entourage, au total dix personnes. L'acte était prémédité et d'autres chevaliers attendaient ailleurs les inquisiteurs s'ils étaient parvenus à s'enfuir.

Le défi fut bien compris par Blanche de Castille et par l'Eglise. Henri d'Angleterre alors débarqua à Royan, le comte de la Marche attaquait. Louis IX riposta avec vigueur. Les batailles de Taillebourg et de Saintes en juillet 1242 obligèrent les Anglais à se replier vers Bordeaux. Raimond VII, excommunié pour sa complicité dans le massacre d'Avignonet, s'était rallié Nîmes, Albi, le Razès et le Termenès, mais les troupes royales tenaient Carcassonne et Béziers. La position du comte devint bientôt intenable et il demanda son pardon au futur Saint Louis, qui avait surtout le souci de laisser un royaume en paix avant de partir en croisade. Raimond de Toulouse put gagner Rome pour demander la levée de son excommunication.

La chute de Montségur.

L'armée royale était libre de venger l'attentat contre l'Inquisition. Montségur était la clef de la résistance au roi et à l'Eglise : la place devait être prise. La garnison comportait quelque trois cent quarante personnes autour de Pierre-Roger de Mirepoix et de Raimond de Péreille, son cousin germain et beau-père. On comptait 160 laïcs dont 27 femmes et 20 sergents, et 180 Parfaits. Guilhabert de Castres était mort et Bertrand Marty lui avait succédé. Il est difficile d'imaginer l'état ancien du château qui a été sans doute remanié. En tout cas, Montségur était une place difficile à ravitailler.

Le siège débuta au printemps 1243. Il était conduit par le sénéchal de Carcassonne, Hugues des Arcis, accompagné de Pierre Amiel, archevêque de Narbonne, ainsi que de l'évêque d'Albi. En raison du site, il fut impossible d'isoler la forteresse car des audacieux réussirent en permanence à se glisser dans la citadelle pour apporter des nouvelles de l'extérieur. Ce furent des Gascons qui prirent pied sur la montagne par une escalade nocturne. Ils s'emparèrent d'un poste

En pages suivantes :
Avignonet-Lauragais : l'Inquisition défiée.
Le Lauragais fut profondément marqué par l'hérésie et un concile cathare se serait tenu à Saint-Félix. L'attentat d'Avignonet montra la complicité de tout un pays face au pouvoir terrible de l'Inquisition. Dans l'église, un tableau montre les Inquisiteurs en martyrs accueillis au ciel.

de guet. L'évêque d'Albi, qui était un habile ingénieur en matière de machines de guerre, installa une pierrière qui accabla les assiégés. Mais un autre ingénieur, Bertrand de Capdenac, réussit à entrer dans Montségur. Néanmoins le 1er mars 1244, Pierre Roger de Mirepoix se rendit. Il avait négocié sa reddition, demandé la vie libre pour les laïcs, mais livré les Parfaits qui eurent à choisir entre le bûcher et l'abjuration. Environ deux cents périrent par le feu. "La chute de Montségur était un symbole. Mais, si elle consacrait la disparition de la forme "monastique" la plus achevée, avec sa hiérarchie complète, sa "supérieure" des parfaites, ses maisons, ses "services" mensuels, elle n'affectait qu' assez peu le ministère actif des prédicateurs encore nombreux disséminés dans la clandestinité." (Jean Duvernoy).

Le Fenouillèdes résistait encore avec des citadelles admirables : Quéribus, Puylaurens, Fenouillet. C'était un enjeu politique puisque les Cathares y trouvaient refuge ; c'était aussi un enjeu stratégique dans une zone de frontière, car ces nids d'aigle contrôlaient Carcassonne que le roi entreprenait alors de défendre. Olivier de Termes avait rendu Aguilar avant de partir pour la Terre Sainte : il allait devenir un des hommes de confiance de Saint Louis. Trencavel, pardonné lui aussi, après avoir abandonné tous ses droits, suivit le roi dans sa croisade et obtint des terres dans les Corbières, puis son lignage disparut.

A son retour de la croisade, Olivier de Termes réussit à faire prisonnier Chabert de Barbeira qui tenait Quéribus et à obtenir ainsi la reddition de la place-forte. Et, en 1258, fut signé le traité de Corbeil entre la France et Jaime 1er d'Aragon qui obtenait la reconnaissance de son autorité sur le Roussillon, la Cerdagne et la Catalogne, et qui abandonnait toute revendication sur Béziers, Albi, Carcassonne, Nîmes, le Lauragais ou le Gévaudan — il gardait la seigneurie de Montpellier. Quant à Alphonse de Poitiers, il avait pris possession avec sa femme de Toulouse en 1249, à la mort de Raimond VII, et comme il n'eut pas d'enfants, il prépara le passage du comté à la domination directe du roi de France. Le prestige européen du roi de France, le futur Saint Louis et la prospérité du XIIIe siècle permirent sans doute aux Occitans d'accepter ce changement. L'évolution historique fit le reste : l'Occitanie se tournait vers la France. Georges Duby l'a souligné : "Il était plus difficile encore de penser que, dans le Languedoc ainsi rattaché par hasard à la couronne, le rayonnement de Paris, le désir de faire carrière, la volonté de vivre comme on vivait à la cour et de parler le langage du souverain feraient s'étioler rapidement la culture occitane."

Les résistances à l'Inquisition.

Ce fut l'Inquisition qui se chargea de détruire les derniers Cathares clandestins. En même temps, elle précisait ses règles que fixèrent de véritables manuels. L'un des plus anciens fut rédigé entre 1244 et 1254 par quatre Dominicains qui avaient officié en Languedoc. Et c'est un inquisiteur de la région toulousaine, Bernard Gui, qui composa en 1320 le plus célèbre de ces ouvrages, la *Practica inquisitionis.* La procédure devenait immuable. Les suspects étaient invités à avouer leur hérésie, c'était le temps de grâce. Les pénitences étaient alors douces et secrètes. Au bout d'un mois, les hérétiques qui ne se seraient pas dénoncés, n'avaient plus à espérer de miséricorde. Les inculpés recevaient une citation à comparaître devant le tribunal de l'Inquisition. S'ils s'y refusaient, les pouvoirs civils devaient les arrêter. L'interrogatoire de l'inculpé devait avoir lieu en présence de deux religieux, avec l'assistance d'un notaire et d'un clerc qui notait les dépositions. L'inquisiteur pouvait utiliser la ruse pour obtenir des aveux. Toute cette pratique inaugurait les méthodes que les polices modernes ont reprises. Deux témoins suffisaient pour apporter la preuve qu'un suspect était hérétique et l'Inquisition encouragea la délation. Pour obtenir des aveux, un long séjour en prison apparaissait souvent comme utile. Le pape, par la bulle *Ad extirpanda* de 1252, autorisa la torture — flagellation, chevalet, estrapade, charbons ardents — mais elle devait éviter la mutilation, et ne devait surtout pas aboutir à la mort. En montrant les instruments du supplice à l'inculpé, les inquisiteurs cherchaient à l'impressionner pour le faire avouer. Les sentences prononcées étaient la prison, la confiscation des biens, et, pour les hérétiques impénitents ou les relaps qui étaient retombés dans l'erreur, c'était la peine de mort. L'Eglise, qui ne pouvait faire mourir, ''abandonnait'' au pouvoir séculier les condamnés qui étaient livrés au bûcher. Ils étaient parfois étranglés avant d'être jetés au feu. Pour la prison ou *murus*, une distinction était faite entre le mur strict — un cachot obscur — ou le mur large, plus libéral. Des humiliations servaient aussi de châtiment, ainsi le port de croix jaunes sur le vêtement.

En pages suivantes :
Puivert silhouetté par le soleil couchant.

De telles procédures provoquèrent la colère des populations. Par le secret qui les entourait, elles faisaient planer la terreur sur tous. Les pratiques inquisitoriales n'apparaissaient guère comme une précaution pour ne pas condamner l'innocent, mais elles semblaient arbitraires. En décidant la confiscation des biens des condamnés, les inquisiteurs pouvaient avoir des motivations qui n'étaient pas spirituelles. En 1283, un complot éclata à Carcassonne qui visait à s'emparer des listes de suspects, détenues par le tribunal de l'Inquisition. En 1296, les inquisiteurs s'attaquèrent même aux frères mineurs, les Franciscains.

L'inquisiteur Nicolas d'Abbeville et l'évêque d'Albi continuèrent sur leur lancée. Au début de 1300, un grand procès eut lieu à Albi où 35 notables furent entendus et 25 condamnés à l'emprisonnement. La population se souleva, conspua l'évêque et fit circuler des fausses listes de suspects pour troubler les inquisiteurs. La révolte trouva un chef en Bernard Délicieux, lecteur de théologie au couvent des frères mineurs de Carcassonne. Il incarna la protestation contre les actes arbitraires de l'Inquisition. Le roi Philippe le Bel fut ébranlé par les accusations lancées contre les inquisiteurs d'autant plus qu'il s'engageait lui-même dans un affrontement contre la papauté de Rome. Il fit suspendre les procédures de l'Inquisition. Mais en 1303, un Dominicain devint pape, sous le nom de Benoît XI et sa confiance était acquise aux membres de son ordre. L'affaire prit un tour politique, puisque les méridionaux se tournèrent vers le fils du roi d'Aragon, et Bernard Délicieux fut mêlé à cette négociation. C'était plus que le roi de France n'en pouvait supporter. Il réagit en faisant pendre les bourgeois compromis, 40 à Limoux et 15 à Carcassonne. L'Inquisition reprit ses droits et Bernard Délicieux fut emprisonné et torturé.

En 1307, Bernard Gui était nommé inquisiteur de Toulouse et il constata le retour des cathares : ''Durant cette persécution des inquisiteurs et la perturbation de l'Office, beaucoup de Parfaits se réunirent et se mirent à se multiplier, (et les hérésies à pulluler)...'' En effet, à partir de 1299, la renaissance cathare fut liée à l'action des frères Authié — Pierre était notaire à Ax-les-Thermes. Mais la répression fut systématique et brutale : l'Inquisition, libérée des attaques qui avaient été lancées contre elle et de la défiance de Paris comme de Rome, put agir et liquider ce renouveau en quelques années.

Montaillou, village occitan.

Le village de Montaillou était sous la surveillance de l'Inquisition. A ces offensives inquisitoriales, allait venir s'ajouter la vigilance de l'évêque de Pamiers. En 1317, Jacques Fournier le devint. Il utilisa une décision du concile de Vienne (1312) qui permettait à l'autorité épiscopale de s'associer avec le tribunal de l'Inquisition qui jusqu'alors officiait seul. Jacques Fournier travailla donc avec un Dominicain, Gaillard de Pomiès, lui-même délégué par le responsable de l'Inquisition de Carcassonne. Jusqu'en 1326 — date à laquelle il devint évêque de Mirepoix —, Jacques Fournier dirigea les enquêtes pour venir à bout de l'hérésie cathare. De 1318 à 1325, le tribunal siègea 370 jours et procéda à 578 interrogatoires. De ce travail est issu le *Registre de Pamiers* qui a été étudié par de nombreux érudits, édité dans son intégralité par Jean Duvernoy en 1965 et qui est la base du magnifique et célèbre livre d'Emmanuel Le Roy Ladurie paru en 1975 : *Montaillou, village occitan*. Les suspects d'hérésie vivaient dans le haut pays de Foix, le Sabarthès et il y eut pour Montaillou même 25 accusés.

Comme ailleurs, en ce début du XIVe siècle, la procédure inquisitoriale est bien fixée. A l'origine, des délations. Une citation à comparaître devant le tribunal est signifiée au suspect, parfois au prône par le curé. S'il refuse de se présenter, le bayle local arrête le prévenu. Celui-ci, face à ses juges, doit prêter serment sur les Evangiles et répondre aux questions détaillées des inquisiteurs. Le prévenu est tantôt emprisonné, tantôt assigné à résidence, et parfois excommunié. Parfois aussi, pour le faire avouer, l'Inquisition le met au mur strict ou très strict, dans une cellule étroite, les fers au pieds, au pain noir et à l'eau. La torture n'est pas employée par Jacques Fournier qui se contente d'une recherche policière des déviances religieuses : il les cherche dans la vie quotidienne des prévenus. Ce document a une valeur singulière, car Jacques Fournier devint pape d'Avignon en 1334 sous le nom de Benoît XII.

Le Roy Ladurie dessine quatre pouvoirs qui se font sentir à Montaillou. Le seigneur du lieu n'est autre que le comte de Foix lui-même. Il est représenté à Montaillou par un châtelain, aux fonctions militaires, et par un bayle, aux attributions judiciaires. Le second pouvoir, c'est l'Inquisition de Carcassonne, qui dispose de "serviteurs" pour exécuter ses ordres, mais aussi s'appuie sur ses notaires, ses geôliers, ses agents dispersés, en particulier dans le clergé. Le troisième pouvoir c'est l'évêque de Pamiers qui contrôle la hiérarchie des prêtres et veille

Puivert et le lac disparu.
Le paysage, près de Puivert, fut bouleversé par une catastrophe naturelle. Un lac existait là, qui fut brutalement asséché, et les eaux détruisirent des villages, ainsi que la cité de Mirepoix — elle fut ultérieurement rebâtie.

Puivert ou la cour d'amour.
Puivert domine le pays du Kercorb, ou pays de Chalabre. En 1170, une réunion de troubadours y eut lieu et Peire d'Auvergne en témoigna dans ses vers.

sur le paiement, toujours problématique, des dîmes. Enfin, le quatrième pouvoir, c'est le royaume de France, lointain, craint et haï. Le comte de Foix est dans une situation de dépendance de fait. Une armée royale peut toujours venir défendre la vraie religion. Ainsi est confirmé le changement que la paix de Meaux avait suscité : "En dernier recours, la force française est lointaine; mais on la devine efficace; elle est suspendue, à la Damoclès, au-dessus des têtes chaudes du Sabarthès." Le cathare Bélibaste résume la haine cathare : "Il y a quatre grands diables qui régissent le monde : le seigneur pape, diable majeur ; je l'appelle Satan ; le seigneur roi de France est le second diable ; l'évêque de Pamiers, le troisième ; et le seigneur inquisiteur de Carcassonne, le quatrième diable."

L'étude de Le Roy Ladurie permet de comprendre ce qu'était au quotidien le catharisme, ou plutôt la tentation du catharisme. Dans les années 1290, le châtelain est Bérenger de Roquefort, dont la femme s'appelle Béatrice de Planissoles. Le père de celle-ci a été contraint à porter des croix jaunes et, jeune fille, Béatrice a été sensible aux arguments des Cathares. Elle a un moment le désir d'aller en pays lombard, refuge des hérétiques, avec son intendant qui est amoureux d'elle. Elle est violée, puis elle a une liaison avec Pierre Clergue, le curé de Montaillou, qui est cathare et cherche à la convaincre, mais qui est aussi un agent double de l'Inquisition. Elle se remarie, devient veuve, vit avec un petit vicaire de paroisse et est même marié à lui sans bénédiction nuptiale. Inquiétée par les inquisiteurs, elle est libérée et condamnée à porter des croix jaunes.

Son ancien amant, le curé Pierre Clergue est le frère du bayle ; c'est un personnage haut en couleurs : son charme agit sur les femmes qui ne lui résistent guère, souvent avec le consentement du mari ou de la mère. Le curé est favorable aux idées cathares, et longtemps il réussit à utiliser ses relations à la cour de Foix ou dans l'Eglise pour écarter les menaces qui pèsent sur ses voisins ou ses amis. "Ah, si tous les curés du monde étaient comme celui de Montaillou !" soupire en 1301 un missionnaire cathare. Il détourne même une partie des dîmes pour aider les bonshommes. Mais il renseigne aussi l'Inquisition, qui le contraint à devenir l'instrument local des inquisiteurs. Il n'hésite pas à se venger des familles ennemies. La rafle du mois d'août 1308 est dramatique : tous les habitants de Montaillou sont arrêtés, à l'exception des enfants, lors d'une fête de la Vierge. Quelques habitants sont brûlés, d'autres emprisonnés longtemps. Les autres regagnent le village, contrôlé par le clan des Clergue, et ils portent les croix jaunes. Mais à son tour Pierre Clergue trouve un adversaire redoutable en la personne de Jacques Fournier qui le fait emprisonner en 1320. Comme son frère, il meurt en prison.

Par sa connaissance intime des familles, l'inquisiteur, et après lui l'historien, ont pu décrire ce qu'était la foi de ces populations. D'abord Le Roy Ladurie a montré que la magie et la superstition y ont moins de part que l'on ne croyait. En revanche, la grande question est celle du salut, et c'est là que les Bonshommes apportent leur propre réponse, différente de celle de l'église catholique. Nombreux sont ceux qui hésitent entre l'orthodoxie et l'hétérodoxie, et qui tentent de concilier la tradition catholique et le respect des Cathares. Nombreux sont ceux qui veulent "pêcher sur les deux rives". D'un côté, selon la loi catholique, la confession faite au prêtre peut seule effacer les péchés; d'un autre côté, les Cathares méprisent les curés et offrent, au moment de la mort, le *consolamentum* qui efface toutes les fautes d'un seul coup et donne le salut. Dans ce début du XIVe siècle, la pratique de l'*endura* complète ce rite de passage, puisque le mourant veut être sûr de son salut et ne veut pas commettre de nouveaux péchés : il recherche la mort en ne s'alimentant plus, et il chasse le curé et l'insulte s'il veut s'approcher de son lit de mort.

Les habitants du Sabarthès connaissent surtout le *Pater noster*, même si les parfaits se réservent normalement cette prière, car ils sont seuls sur la voie de la vérité ; les villageois ont l'habitude de faire le signe de croix sur les victuailles ou sur le lit, même si les Cathares n'aiment pas la Croix, symbole honni de l'humanité du Christ. Ils font référence au Sauveur, qu'ils confondent souvent avec Dieu. Et ce Christ n'est plus sans doute celui de l'âge roman, triomphant au jour du jugement dernier : c'est, comme dans toute la chrétienté, l'homme souffrant. Cette image tend à s'opposer au refus des Cathares de voir dans le Christ un homme, donc une créature du mal. Nos habitants communient même s'il arrive à certains de se moquer de ce morceau de "galette" ou de "gâteau". Ils aiment la Vierge et disent l'*Ave Maria*, alors que les Bonshommes leur disent que c'est sans valeur, une invention des curés. Ainsi, malgré le respect que le plus grand nombre voue aux bonshommes, les suspects d'hérésie conservent les apparences du catholicisme, quitte à lever le voile au moment de la mort. Et, lors de la confession, ils se gardent bien d'avouer leur confiance dans la foi des Cathares.

Cette adhésion n'est pas néanmoins sans orienter leur vie. "Les bergers de Montaillou discutent volontiers théologie". Et le dualisme affleure alors. Les esprits ont été séduits par le diable et sont tombés sur terre : ils attendent leur rédemption en passant de corps en corps, avec des détours par ceux des animaux. Cette

métempsycose renforce le pouvoir des Parfaits qui accordent enfin le salut à l'âme par le *consolamentum*. Dans la pratique quotidienne, il faut constater l'existence du *melioramentum*, bénédiction qu'accorde les Bonshommes à ceux qui les "adorent". Le Roy Ladurie conclut : "...il me paraît certain qu'à Montaillou même, le catharisme est vécu, par ceux qui l'ont adopté, comme une variante extrême et héroïque du christianisme; et non pas comme une religion non chrétienne." Le Bonhomme sauve ceux qui le vénèrent et ses vertus personnelles suffisent à assurer ce salut : il ne ment pas, il ne mange ni viande, ni fromage, il ne couche pas avec les femmes, il ne prend pas l'or ni l'argent d'autrui. Le parfait, le saint homme, devient un intercesseur , "l'animateur d'une petite société secrète dans le village".

La liberté et la peur.

Ce n'est pas sans conséquence sur la morale ordinaire. Puisque le pardon ultime vient de la main des Bonshommes, le péché a moins d'importance et les mœurs sexuelles étaient sinon dépravées, au moins plus libérées. Le curé Pierre Clergue donne l'exemple. Puisque l'acte charnel, même conjugal, est un péché aux yeux des Cathares, toutes les règles se valent et il est licite de n'en respecter aucune. Et, pour quelques femmes, dans la mesure où l'acte sexuel leur plaît, ce n'est plus un péché. Puisque la confession n'a pas de sens pour les Cathares, il n'est pas utile d'aller raconter de telles fredaines au curé !

Mais cette apparence de liberté est payée au prix fort. Car l'inquisiteur veille. La vie quotidienne est faite de dissimulation, d'actes cachés, de messagers discrets, de fuites rapides vers la montagne. Il faut aussi se garder de trop parler, car des paroles, même prononcées des années auparavant, sont utilisées comme preuves d'hérésie. Ainsi la complaisance à l'égard de la foi cathare, la fidélité aux Bonshommes, dont la parole rassure et console, la confiance dans le salut qu'ils proposent signifient une vie quotidienne aux aguets.

Puivert, place prise.
Puivert fut un foyer du catharisme, ses seigneurs ou ses habitants furent souvent tentés par l'hérésie, et les Parfaits reçurent bon accueil au château. La forteresse ne résista guère à Simon de Montfort. Elle passa plus tard aux mains de la famille de Bruyères.

Un compagnon de Simon de Montfort, membre de la famille de Bruyères pris Puivert. Un de ses descendants fut Chambellan de Philippe le Hardi.

Le donjon de Puivert : l'orgueil féodal.
La croisade contre les Albigeois chassa les seigneurs qui protégeaient les hérétiques. Certains retrouvèrent leurs biens. Mais des croisés en remplacèrent d'autres. La famille de Bruyères embellit Puivert qu'elle avait obtenu.

Le dernier Parfait connu, Guillaume Bélibaste, était le fils d'un gros fermier et il avait tué un berger. Il fit son noviciat à Rabastens et fut consolé. Menacé, il se réfugia en Catalogne, il revint et fut pris en 1321. Il fut brûlé à Villerouge-Termenès.

Et l'Inquisition par son action, pointilleuse et cruelle, a réussi à la fin à extirper l'hérésie qui disparut au XIVe siècle.

Les métamorphoses de l'idée cathare.

Cette hérésie a intrigué les siècles qui ont suivi son extinction. Longtemps elle fut associée, sinon assimilée, au mouvement des Vaudois — dont les derniers adeptes survécurent dans les vallées alpines du Piémont. Au XVIIe siècle, Bossuet s'intéressa aux Cathares, comme aux Vaudois, en qui il voyait des ancêtres des protestants. C'est d'ailleurs un théologien protestant de Strasbourg, Charles Schmidt, qui, en 1849, inaugura les véritables recherches érudites sur la religion des Cathares. L'une des sources essentielles était le fonds Doat, une collection de registres manuscrits de la Bibliothèque nationale de Paris: c'est sous la direction du conseiller Doat que Colbert avait fait exécuter des copies des archives du Languedoc. Et cette tradition érudite s'est développée et amplifiée jusqu'à nos jours, comme en témoignent les admirables *Cahiers de Fanjeaux.*

La persécution des Cathares nourrit à partir du XIXe siècle des courants de pensée très divers. D'une part, l'anticléricalisme qui cherchait des exemples de la cruauté de l'Eglise et qui trouva dans l'Inquisition un modèle d'intolérance. Cet anticléricalisme s'associa parfois à la redécouverte de la littérature des troubadours, et, par cette voie, à la célébration de la civilisation occitane, de sa langue, héritière directe de la latinité, et de ses créations poétiques. Mais déjà les Cathares étaient devenus un thème littéraire pour le romantisme. Un écrivain hongrois, Niklaus Lenau, publia en 1838 le long poème des *Albigeois.* C'est Napoléon Peyrat, un pasteur de l'Eglise réformée, qui fit naître une légende dorée des Cathares : "Les barons habitaient les donjons sur les cîmes nues ; leurs mères, leurs sœurs vivent recluses dans les grottes suspendues sur les déclivités brisées, aux abords du torrent...Les châteaux protégeaient les grottes ; les grottes priaient pour les donjons..." Voici l'évocation de l'arrivée du pasteur devant Montségur : "Salut, m'écriai-je en sanglotant, porte sainte, maison des Purs, demeure des Parfaits, sanctuaire de l'Evangile et de la Patrie romane!" Napoléon Peyrat considérait les Cathares comme des Johannistes, disciples fidèles de saint Jean, et c'est lui qui mit Montségur à la proue du catharisme occitan : "...une Sion essénienne, une Delphes platonicienne des Pyrénées, une Rome Johannite, proscrite et sauvage d'Aquitaine. Montségur, de son roc désert, regardait tristement, mais fermement en face, le Louvre et le Vatican, le roi de France et le pape de Rome...il abritait dans sa grotte trois ennemis irréconciliables de la théocratie : la Parole, la Patrie, la Liberté, ces puissances de l'avenir."

L'anticléricalisme se renforça sous la IIIe République et les hommes politiques hostiles à l'Eglise n'hésitaient pas à citer le mot terrible : "Tuez-les tous, Dieu reconnaîtra les siens!" Des historiens et des écrivains cherchèrent aussi à faire revivre les traditions régionales : des monarchistes, comme Maurras, ou des républicains voulaient faire renaître un pays d'oc. Mais naissait aussi un "spiritualisme mystique" issu du romantisme. Le site de Montségur fut associé à la fin du XIXe siècle à la légende du Graal, et le rocher cathare devenait le Montsalvat de *Lohengrin* et de *Parsifal*, ces mythes recréés par Richard Wagner. Déodat Roché voulut au début de notre siècle restaurer le catharisme. Mais il ne fut et n'est pas le seul : certains évoquent Esclarmonde de Foix ou les maîtres tibétains. "Ils voient dans les troubadours et les Templiers autant de cathares camouflés. Ils associent le catharisme au druidisme celtique, aux cultes solaires hyperboréens de Thulé, à la tradition hindoue, à une gnose wisigothique, aux cultures préromaines." (Jean-Louis Biget). Le refus du rationalisme réunit tous les adeptes de l'occultisme, de l'ésotérisme, du spiritisme. Ils recherchent des convergences entre les mythes, et des principes qui réuniraient les religions, et, en participant à une unité retrouvée, même si elle est réservée à quelques initiés, ils travaillent à connaître le passé, et parfois à deviner l'avenir. La nostalgie du catharisme souffrit néanmoins de l'œuvre d'Otto Rahn. Ce jeune Allemand assimila les thèmes des néo-cathares, et publia, en 1933, *Kreuzzug gegen den Graal* — traduit l'année suivante sous le titre de *Croisade contre le Graal*. Cet écrivain associait la tradition allemande et celle des troubadours occitans pout montrer qu'une religion païenne, tolérante, œcuménique avait uni l'Europe sous le signe du Graal. Il soutenait aussi que la romanité cathare et la tradition allemande se rejoignaient puisque les envahisseurs wisigoths avaient vécu dans le midi de la France actuelle. Dans ces années douloureuses, de telles idées servaient l'idéologie des nationaux-socialistes allemands et Himmler recruta Otto Rahn, dans les services de la propagande nazie. Mais, après la guerre, Montségur put aussi être présenté comme le symbole d'une résistance à l'occupant. Fernand Niel vit dans Montségur, plan à l'appui, un temple

De la musique avant toute chose.
Malgré les tragédies historiques, Puivert a conservé le souvenir d'un goût pour la musique qui inspira la décoration de cette belle salle. Huit sculptures évoquent des musiciens et leurs instruments : la cornemuse, la vièle, la luthée, le tambourin, le luth, l'orgue portatif, le psaltérion triangulaire, le rebec, ancêtre du violon.

Puivert et la foi catholique.
Cette niche, dans la chapelle, était la piscine qui servait lors de cérémonies religieuses. Dans le donjon, l'habitation du seigneur, la chapelle marquait l'attachement indéfectible à la foi catholique et romaine.

du soleil. Pierre Benoît rêva sur *Montsalvat*, son trésor et son bûcher... Car, comme les Templiers, les Cathares auraient réussi à sauver un trésor, avant la reddition de Montségur. Et Klossowski n'a-t-il pas vu dans l'œuvre du marquis de Sade, où les bons sont victimes et où les méchants triomphent, un reflet du catharisme ? La télévision et le roman contribuèrent à multiplier les visions du catharisme : "Il reste que vulgarisation, commerce, anticléricalisme ou politique n'expliquent pas tout, et exploitent "l'imaginaire cathare" plus qu'ils ne le créent. Il y avait dans le catharisme quelque chose qui ne s'est pas éteint avec les bûchers" (Jean Duvernoy).

Parce qu'il est auréolé de mystère, le catharisme a favorisé ces métamorphoses intellectuelles, voire ces dérives : des évocations poétiques et des délires d'imagination, des constructions théoriques comme des pratiques magiques, des recherches érudites, mais aussi des reconstitutions romanesques. Lorsque l'histoire se tait, le mythe parle. Et le mythe est aussi un art de la mémoire.

Puisque ces hommes et ces femmes d'autrefois ont gardé leurs secrets, il conviendrait de faire silence sur leur malheureux destin. Pourtant la légende veut que les Cathares aient laissé quelque part un trésor : en réalité ce n'est pas du métal précieux qu'ils ont caché, c'est un souvenir indistinct qu'il faut retrouver. Les méthodes de l'historien sont alors les plus respectueuses du passé douloureux du catharisme. Mais si la prudence est une sagesse et la probité un garde-fou, ni l'une ni l'autre ne sont des éteignoirs : elles laissent vivre le rêve.

BIBLIOGRAPHIE

Histoire

La Chanson de la croisade albigeoise, Adaptation de Henri Gougaud, introduction de Michel Zink, préface de Georges Duby, Paris, 1989.

Yves DOSSAT, *Les crises de l'inquisition toulousaine au XIIIe siècle (1233-1273),* Bordeaux, 1959.

Jean DUVERNOY, *L'Histoire des Cathares, La religion des Cathares,* Toulouse, 1976 ; *Le catharisme,* Toulouse, 1979.

Jean DUVERNOY, Fernand NIEL, René NELLI, Déodat ROCHÉ, *Les Cathares,* Paris, sans date.

Jean GUIRAUD, *Histoire de l'Inquisition au Moyen-Age,* Paris.

Emmanuel LE ROY LADURIE, *Montaillou, village occitan,* Paris, 1975, réédition 1982.

Jean MUSY, "Mouvements populaires et hérésies au XIe siècle en France", *Revue historique,* n° 513, janvier-mars 1975.

René NELLI, *La vie quotidienne des Cathares du Languedoc au XIIIe siècle,* Paris, 1969.

René NELLI, *Les Cathares,* Paris, 1972.

Fernand NIEL, *Albigeois et Cathares,* Paris, 1955.

Francis RAPP, *L'église et la vie religieuse en Occident à la fin du moyen âge,* Paris, 1971.

Michel ROQUEBERT, *L'Epopée Cathare,* tome 1, *L'Invasion,* Toulouse, 1970 ; tome 2, *Muret et la dépossession,* Toulouse, 1977 ; tome 3, *Le lys et la croix,* Toulouse, 1986 ; tome 4, *Mourir à Montségur,* Toulouse, 1989.

Michel ROQUEBERT et Christian SOULA, *Citadelles du vertige,* 1966, réédition, Toulouse. 1972 et 1990.

Charles SCHMIDT, *Histoire de la secte des cathares ou albigeois,* Paris-Genève, 1849.
Gérard SIVERY, *Blanche de Castille,* Paris, 1990.
Christine THOUZELLIER, *Catharisme et valdéisme en Languedoc à la fin du XIIe et au début du XIIIe siècle,* Paris, 1966.
Guy et Jean TESTAS, *L'Inquisition,* Paris, 1966.
Philippe WOLFF, *Histoire de Toulouse,* Toulouse, 1958.

Et l'admirable série des *Cahiers de Fanjeaux,* créés sous l'impulsion de Marie-Humbert Vicaire. Nous avons utilisé :
Saint Dominique en Languedoc, Toulouse, 1966.
Cathares en Languedoc, 1968, réédition 1989.
Paix de Dieu et guerre sainte en Languedoc au XIIIe siècle, Toulouse, 1969.
Historiographie du catharisme, Toulouse, 1979.
Bernard Giu et son monde, Toulouse, 1981.

Archéologie
Parmi les remarquables monographies de Centre d'archéologie médiévale du Languedoc :
Lucien BAYOU, *Le château de Puylaurens,* Centre d'Archéologie médiévale du Languedoc, Carcassonne, 1981.
idem, *Le château de Villerouge-Termenès,* 1988.
idem, *Le château de Termes,* 1988.
Madeleine et Françoise BURJADE, Lucien BARYOU. *Le château de Peyrepertuse,* 1983.
Marie-Elise GARDEL, *Les châteaux de Lastours,* 1981.
Michèle et Jean-Bernard GAU, *Le château de Quéribus,* 1983.
Jean-Pierre SARRET, *Le château de Montségur,* Carcassonne, 1985.
idem, *La cité de Minerve,* 1985.
Jean TISSEYRE, *Le château de Puivert,* 1982.

Guides
Michèle AUE, *Découvrir le pays cathare,* Vic-en-Bigorre, 1992.
Carcassonne et le pays cathare, Guides bleus, Paris, 1991.
Aimer le pays cathare, Rennes, 1992.

Puivert, le château des troubadours.
C'est par excellence le château des troubadours. Moins orgueilleux que les nids d'aigle voisins, il évoque une civilisation qui a fleuri au XIIe siècle. Les troubadours, qui étaient parfois des clercs, parfois des seigneurs, célébraient leurs dames très aimées. Ils utilisaient toutes les ressources de la langue occitane pour chanter la beauté et la liberté. Au XIIIe siècle, ce monde connut l'assaut terrible de la croisade contre les Albigeois et l'autorité plus ferme du roi de France.

LES AUTEURS

Lucien Bély est né à Lyon en 1955. Ancien élève de l'ecole normale supérieure, agrégé d'histoire, docteur ès-lettres, professeur d'histoire moderne à l'université de Paris XII, il est l'auteur de nombreux ouvrages.

A côté de textes savants sur les relations internationales à l'époque moderne, il a publié plusieurs livres d'initiation à l'histoire ainsi que des essais sur les hauts lieux de la civilisation européenne.

Jacques Jolfre est né en 1937. Pyrénéiste depuis toujours, il ne cesse de parcourir les Pyrénées. Passionné de photographies, il nous promène de sommets en vallées et de grottes en châteaux cathares au travers des nombreux livres qu'il a consacrés aux Pyrénées.

TABLE DES MATIERES

En pages suivantes :
Actuellement, Montségur, symbole de la résistance cathare, domine son village et le paysage de l'Ariège calcaire.

En 4ᵉ de couverture :
Le château de Puylaurens.

© Copyright 1992 - Editions SUD-OUEST.

Ce livre a été imprimé et relié par Pollina à Luçon - 85 - France. La photocomposition a été réalisée par ALFA-CSR à Bordeaux - 33. Mise en page du studio des Editions Sud-Ouest à Bordeaux. Photogravure couleur de Pollina à Luçon - 85. La couverture a été tirée par l'imprimerie Raynard à La Guerche de Bretagne - 35, et pelliculée par Pollina - 85 - Luçon.
ISBN : 2.879.010.87.0 - Editeur : 289.01.08.11.92 - N° d'impression : 15637.